大★道相·通

马克思主义与中华优秀传统文化

本书编写组　著

中国青年出版社

大 · 道 · 相 · 通

大 · 道 · 相 · 融

大 · 道 · 相 · 成

文明的相遇

所有伟大的文明都是孤独的，只有伟大的孤独者才能真正认出彼此，才能真正彼此相遇，才能真正彼此成就。

一

亚欧文明大走廊的东部，西端被帕米尔高原阻隔，北面为广袤草原地带隔开，东面被辽阔太平洋所环绕，从高耸入云的青藏高原向下俯冲，下降到高原和盆地，再下降到东部辽阔的平原和丘陵地带，形成了一个巨大的文明地理空间。

中华文明燧火就是在这样一个辽阔空间中被点燃，数千年来生生不息，挫而复起，枯而复荣，薪尽而火传，不知其止也。不同于美索不达米亚文明、埃及文明、闪米特文明、希腊－罗马文明、伊朗文明等在人类历史早期阶段就开始相互碰撞融合的古老文明，中华文明是屹立在世界东方的伟大孤独者。中华文明自成体系，并向周边国家辐射，虽然也受到其他文明影响，但始终沿着自身文明河道前进，纵横数千里满天星斗的地域文明，几经整合终成大一统之文明体，上下数千年光辉灿烂之文明，几经陵替而终不断裂。

"人之异于禽兽者何？""借问青天我是谁？""不汝还者，非汝而谁？"不同于西方文明追问世界是什么，中华文明追问的原问题是：人是谁？人应如何在世界生活？中华文明回答了人类社会的身心之问、群己之问、家国之问、天人之问、文明之问，形成了完整的、独特的教义观、宇宙观、自然观、人生观、国家观、社会观、天下观。

理解中国传统文化，不妨从以下几个文化故事说起。

第一个是王阳明格竹子的故事。王阳明年轻时按朱熹解释"致知格物"——"众物必有表里精粗，一草一木，皆涵至理。"他就和一个朋友一起去格亭前竹子，不但没有格出什么道理来，反而因为劳神没过几天就累倒了。后来，他在贵州龙场悟道，才明白格物致知不是向外求，而是要向内求，"方知天下之物本无可格者，其格物之功，只在身心上做。决然以圣人为人人可到，便自有担当了"。

这个故事反映了中华文明的根本路径在于"向内求"，而非向外求。从表象与本质而言，强调直指根本，不为外部表象所迷惑；从内部与外部而言，将发展立足内部，形成了农业为基础的"内向爆炸"发展模式，而不是以对外贸易为基础的外向拓展模式，更不是从事对外扩张和掠夺；从天人关系而言，将基点放在人类社会，放在主体上而非客体上；从人与人关系上，将基点放在自我改造上，福由己求，求人不如求己；从物欲与身心关系而言，将基点放在自我德性养成上，不为物欲所迷失羁绊。

第二个是儒释道相杀相爱的故事。中国历史上维护儒教正统，排佛道最力文人当数韩愈，曾经上书唐宪宗谏迎佛骨，称"佛本夷狄之人"，称应将佛骨投之水火，永绝根本；称老子所言道德是一己之私言而非天下之公言；称古之为民者四（士、农、工、商），为教者一，而当时为民者六（士、农、工、商、和尚、道士），为教者三，不但生之者寡，食之者众，而且惑乱人心，因此他主张对佛道二教要"人其人，火其书，庐其居，明先王之道以道之"。但是韩愈平生交往却很多佛道中人，特别是与大颠和尚来往甚密，他因为谏迎佛骨被贬官，雪拥蓝关，踟蹰不前之时，从远处来迎接他的侄孙湘，据说就是道家传说中的八仙之一韩湘子。明清以来，中国文化主流走向儒释道融合，儒释道三教领袖人物大都出入三教，主张三教融合，士人多外儒内道，民间三教并崇，国家也是大力倡导。明宪宗朱见深创作了一幅"一团和气"的画，画上有三位人物的脸盘融合在一起，左边是着道冠老者的侧脸，右为一戴方巾儒士的侧脸，中间看是一个面似圆盘的僧人，图赞上写"三教一体，九流一源；百家一理，万法一门"。清朝雍正帝认为三教"理同出于一原""道并行而不悖"，并提出"佛以治心、道以治身、儒以治世"。这是一个不同于西方宗教、教义之间相互排斥斗争的文化融合故事。西方人很难理解中国传统文人既是儒家信徒，同时又是佛道信徒。

这个故事反映了中国的教义观。中华传统知识体系是六艺之教、四部之学，而非西方的分科之学，中国传统知识体系是儒释道为体，百家为用，就像一个杂货店，百货俱全，既可供应国家治具，也可以提供百姓之日用。儒释道三家融合为体，佛以修心、道以炼身、儒以应世，百家争鸣以为用，阴阳以衡天、墨以兼爱、法以峻刑、兵以武备、名以论辩、纵横以外交。其为教也，可谓富矣、厚矣，洋洋乎大观！

第三个就是中国阴阳五行的故事。中国的阴阳太极图中，阴阳就像黑白两条鱼，黑鱼是白眼珠，而白鱼是黑眼珠，这表示阴中有阳，阳中有阴。阴阳好像是二元论，但是又像一元论，阴阳之上有太极，阴阳都来源于太极。中国五行金木水火土，很接近古希腊恩培多克勒"水、气、火、土"四元素论，但是又根本不同。元素论是对于复杂事物的还原，元素构成物质基础质料，不同元素之间是独立的；五行是一个整体，五行是互通的，五行无法相互孤立存在，始终处于相生相克的关系之中。同时，土在五行对应中位，居中对金木水火进行调节，进一步使得五行成为一个整体。

这个文化故事反映了中国人的宇宙观。中华文明是道一分殊宇宙观，而非二元论、多元论、原子论，宇宙万殊，道一以为纪，一而二，二而三，三生万物，太极而阴阳，阴阳而五行，五行而万物，太极阴阳四象八卦六十四卦三百八十四爻而无穷无尽也。中华文明是整体论的宇宙观，强调整体论、贯通论，而非还原论、分析论，世界万有，"自其异者视之，肝胆楚越也，自其同者视之，万物皆一也"（《庄子·德充符》）。道一齐同，不可相离。

第四个文化故事是中西天人关系比较。西方社会最重要的节日是圣诞节，为了纪念耶稣诞辰，体现的是人与神的关系，是宗教虔诚。而中国最重要的节日是春节，"唐虞曰载，夏曰岁，商曰祀，周曰年"，由年终岁首祭祀活动演变而来，反映的是人类生活与自然关系，和二十四节气一样是合乎自然节律的生产生活方式的反映。看西方美术和中国美术展览，许多人都会得出一个印象，西方油画和中国画的人物与风景关系很不同。西方的人物画中，人物是主体，风景只是提供了人物的背景，而有人物的风景画往往也是关于人物故事与场景的描绘，风景只是提供了人物活动的舞台。而在中国画中，关系往往倒了过来。中国固然也有人物画和《清明上河图》那样的风俗画，但是中国的山水画，风景才是主体，而人物往往很小，用以点缀山水的意境，但山水又不脱离人之眼光，实乃弥漫天地之间的有我之境。

这个故事体现的是中华文明天人合一的自然观。中国传统观念中，人与自然是不可分的，天、地、人三才，人居其一，人生天地间，天父而地母。"王"字三横，分别表示天、地、人，天、地、人三贯一者而王。人类社会必须遵循自然法则，"人法地，地法天，天法道，道法自然"（《道德经》），"观天之道，执天之行"（《阴符经》）。同样，以我视自然，天地也会带上人所赋予的精神色彩。

第五个文化故事是"楚王失弓"。楚王丢失弓箭，左右欲到处寻找，楚王却说："楚人失弓，楚人得之，何必求也？"对此，孔子认为，去其"楚"则可，应是"人失弓，人得之"；老子认为，去其"人"则可，可为"此失之，彼得之"；佛教高僧认为，去其"得"则可，本无得失可执着。

第六个文化故事是文殊和观音化成凡人一同去参拜一间庙宇。看到一尊观音菩萨像，文殊拜了拜，观音也拜了拜，文殊就问，这是你自己的像为何要拜，观音回答说"求人不如求己"。

上面这两个故事反映了中国传统的人生观。中国是群体本位，而非个体本位。"方以类聚，物以群分"，群体者，个体安身立命之所，人者，能仁之谓，君者，能群之谓。小群者家，大群者国家天下，不推仁则骨肉不能相保，推仁者四海皆兄弟，天下皆一家。中国是命由自造，福由己求的人生观。"我命在我不在天"，与天相争衡，将人生基点放在个体自身修养与努力上，而非屈从于命运安排。中国是德性为本，而非物本的人生观。尊道贵德，进德修业，是人生的根本，"自天子以至于庶人，壹是皆以修身为本"。德性意味着合道的生活，"虽有拱璧以先驷马，不如坐进此道"，厚德可以载福，就是《易经》所言：黄中通理，正位居体，发于事业，美之至也。

第七个是张学良的文化故事。张学良生平有两个重要选择：第一是不顾日本人百般阻挠，选择东北易帜，不是自立为王，而是"举政权还给中央，以谋求中国的真正统一"。第二就是震惊世界的西安事变，张学良和杨虎城以兵谏的方式阻止蒋介石"攘外必先安内"，阻止继续打内战，要求一致对外，促进了抗日民族统一战线的形成。这两次选择都体现了张学良身上的民族大义，体现了中国人身上对于国家统一的向心力。如同钱穆所言，中国的大一统是"向内凝聚"，而不同于罗马帝国的"向外征服"。

这个故事体现了中国传统的国家观。中国基本特征是"一统多元"，最大的制度遗产在于"大一统"，中华民族作为一个大一统的超大规模共同体，"合久必分、分久必合"，自西周以降，已维系3000多年的大一统。而罗马、蒙古、奥斯曼、大不列颠等，抑或称雄一时，跨洋连洲，号称帝国，却均告烟消云散。

第八个是关于中国与邻国的故事。在漫长的历史进程里，中国对于周边国家而言，都是强大而和平友善的邻居。中国作为朝鲜半岛强大的邻国存在了几千年，虽然历史上朝鲜半岛一直处于分分合合之中，朝鲜半岛政权与中国之间的边界也在不断变动之中，但是形成了稳定的李氏朝鲜政权后，中国就不断扶持朝鲜，例如明朝万历年间就帮助朝鲜抵御了日本的侵略。日本明治维新不过短短几十年，就开始学会西方那一套，将武力等同于文明，很快就吞并了朝鲜。同样，麦哲伦绕过大半个地球来到菲律宾后，西班牙人通过长达数十年的征服和殖民，终于在此建立了殖民统治并以西班牙菲利普王子的名字命名了"菲律宾"群岛。中国与菲律宾近在咫尺，有着千年的交往历史，但从来也只是保持着友好的贸易关系。菲律宾国家人类学博物馆收藏了数以万计来自中国的古代陶瓷藏品，最早可以追溯到9世纪。中国从来没有想兼并菲律宾，也从未向菲律宾派出过一兵一卒。

这个文化故事反映了中华文明"协和万邦"的天下观。中国是世界上少有的强大且和平的文明。平天下之道是以德不以力，虽有武备，但不依靠武力建立霸道秩序，"兵设而不试，干戈闭藏而不用"；而是依靠德性怀柔远人建立王道秩序，"柔远人则四方归之，怀诸侯则天下畏之"，"远人不服，则修文德以来之，既来之，则安之"。通过施以恩惠、招抚、和亲等方式不劳而定，不讨而来，不事领土扩张，不以国侵天下。对于外国政权，多采取扶持政策，"存亡继绝"，协和万邦以求其自治，非不得已不兼并之。

二

马克思主义是西方世界的伟大孤独者，马克思主义是现代西方文明的异端。马克思是一个"未来学者"，在生前受尽各种污蔑，而在身后却受到世界人民的无限崇敬。他是一个批判者、现状的否定者，他所预言的事物在21世纪日益表现出现实性。

马克思主义是20世纪以来具有最深远、最广泛影响的现代文明新形态。马克思主义是世界性学说，马克思主义整合了德国古典哲学、法国空想社会主义、英国古典政治经济学，对于这"三大来源"的扬弃形成了唯物辩证法、唯物史观，科学社会主义，马克思主义政治经济学。马克思主义不是教条，而是行动指南，通过和世界范围的社会主义运动结合，马克思主义理论创新在实践中不断推进。马克思主义是一个博大精深的完整体系，为人类提供了新型的宇宙观、世界观、自然观、社会观、人生观、国家观、政党观。

中华文明作为西方文明他者，马克思主义作为西方现代文明的异端，二者一旦相遇就彼此认出了自己。马克思主义发源于欧洲，却在中国生根，并长成了参天大树，原因就在于马克思主义与中华文明内在相通，这并非枝节相通，而是大本大源相通，"三观"高度一致。

从宇宙观看，唯物辩证法与《易经》宇宙观内在相通。不同于形而上学宇宙观，唯物辩证法认为事物是联系的、变动的，自然界和人类社会"本质上是从它们的联系、它们的联结、它们的运动、它们的产生和消逝方面去考察的"（恩格斯语），是由内在矛盾推动的，要"把事物发展看做是事物内部的必然的自己的运动"（毛泽东语）。《易经》的宇宙观就是辩证宇宙观。易者，变易之学也。《易经》就是研究变化与联系的学问，六十四卦三百八十四爻都是模拟不同发展阶段、发展情境、发展状态的动态模型，理象数是动态模型的文字、象征与符号表达，错卦综卦等模拟的就是事物错综复杂的联系。唯物辩证法的"对立的相互渗透规律"与《易经》阴阳理论内在相通，"一阴一阳之谓道"，阴阳相推而生变化，阴阳相交而生万物，唯物辩证法否定之否定规律与《易经》卦序理论相通，以天（乾卦）、地（坤卦）定基，以天造草昧的屯卦创业为始，以艰难渡河的既济卦为结，继以尚未过河的未济卦为终，就是对于事物螺旋性变化的模拟。

从人生观看，马克思主义的人类解放思想和中国传统文化中人的自我解放精神内在相通，马克思主义的人的社会性与中国传统文化群体本位内在相通。马克思对于人性最深刻揭示在于提出了人的本质是"有意识的类存在物"，正是通过自由的、创造的、普遍的劳动，通过改造对象世界，自然才表现为人类的作品和人类的现实，人才得以实现其本质，才得以证明人是类存在物。然而，在现实政治经济结构中，劳动异化使得人的类本质变成了"异己的本质"，变成了维持生计的手段。只有通过摆脱物对于人的奴役、人对于人的奴役，摆脱经济社会结构中的劳动异化，才能够实现人的全面解放与全面发展，才能真正实现人的类本质。正如马克思认为劳动异化禁锢了人的类本质，中国传统文化也认为人的真性是被外在欲望和表象所禁锢的，而"内求"根本上就是要解放这个内在的真我，学道就是学逍遥，学佛就是学解脱。《庄子》开篇《逍遥游》就是道家自由哲学的浪漫主义宣言，鲲鹏北游、南面称王都未能称自由，唯有"无待"才能实现最高自由。"若夫乘天地之正，而御六气之辩，以游无穷者，彼且恶乎待哉？"当然，中国传统文化追求的是内在解放，是从内在觉悟中去追求生命从必然王国向自由王国的飞跃，这和马克思主义从改造现实世界去追求人的积极自由是两种不同的路径。马克思在人类具体历史进程中发现了人的社会性，他指出："人天生是社会动物。""人是最名副其实的政治动物，不仅是一种合群的动物，而且是只有在社会中才能独立的动物。""人的本质不是单个人所固有的抽象物，在其现实性上，人是一切社会关系的总和。"中国传统文化则在伦理社会中发现了群体本位，人是在社会角色和关系中被定义的，遵循社会礼乐规范，才使得人异于禽兽，个体只有在群体中才能找到安身立命之所。马克思主义认为，只有在联合中才能获得真正自由，这就意味着个体解放和人类共同解放密不可分，意味着觉悟的人要为绝大多数人谋利益。中国传统文化同样在出入世的辩证关系中认识到个体解放与人类整体大生命解放不可分，儒家通过入世的磨砺来成就内在觉悟，而佛道出世觉悟同样需要在济世度人中得以圆满成就。

从社会观来看，马克思主义的社会主义理论与中国传统大同社会理想内在相通。马克思主义实现了从空想社会主义到科学社会主义的转变，社会主义不再是某种天才人物的启示，而是人类社会从低级往高级阶段发展的必然结果。中华传统文明同样具有大同社会理想，有据乱世、升平世、太平世的"三世说"，从小康到大同，从天下为私、天下为家到天下为公，无不和社会主义理想相通，这也难怪近代虽然传入了社会达尔文主义、自由主义等思想，但是绝大多数中国人的"中国梦"还是社会主义。就如同马克思主义对于市民社会的批判，中国传统历来不主张资本、商业是社会主体，而主张以农业为基础的礼乐社会是主体。中华传统文明天然不会全盘接受资本主义理想，不会接受市民社会的统治，而更倾向于接受社会主义理想。马克思主义要建设的共产主义社会固然是要超越国家，将国家融化在社会联合之中，但是在社会主义建设实践中，作为社会整体最高代表力量，作为"组织成为统治阶级的无产阶级"化身的还只能是国家。国家代表人民占有公共资产，对经济进行计划，对社会资源进行分配和塑造共同社会精神。这和中国传统"大一统"的国家观中，国家对盐铁等国有经济进行专营、对人民进行礼乐教化的理念是高度相应的。

从世界观来看，马克思主义的国际主义与中国传统的天下文明内在相通。马克思主义在理论和实践上无疑是具有高度国际主义精神的学说，是揭示人类普遍历史和普遍规律的学说。马克思、恩格斯对于德国古典哲学的批判，是在普遍意义上进行的，把德国人的解放看成人的解放；马克思对于资本主义的政治经济学批判，是对于全球资本主义体系的批判；无产阶级作为普遍阶级的斗争，也是全世界无产者联合起来的斗争。唯物史观建构的是人类社会普遍的历史进步规律，共产主义同样不能在民族国家范围内真正建成。在实践上，马克思主义同样表现出高度的世界性意义，就其批判性而言，由于全球已经日益变成一个资本主义主导的体系，马克思主义的批判在世界各地特别是发展中国家都引发了强烈的共鸣。作为资产阶级对立物的无产阶级是世界性的，共产主义运动同样是世界性的运动，建立了共产主义国际联盟，发源于欧洲，并向全世界扩展。中华文明从诞生起就是一个天下文明，是漫天星斗的地域文明融合在一起的，中华文明的关切从不局限在国家内部。《易经》有云："见龙在田，天下文明。"中国的天下文明观是海纳百川、和而不同、平等交融，而非标示种族、内外、等级、敌我关系的文明观。《易经》的文明观和离卦有关，许多包含离卦的卦都是在讲文明，"明两作，大人以继明照于四方"。离卦代表着火与光明，这是一种光明遍照，传递温暖、平等、普遍的文明观。贲卦是内离外艮，具体描述了我们对于文明、文化的认识，"刚柔交错，天文也。文明以止，人文也。观乎天文，以察时变；观乎人文，以化成天下"。中华文明的建构也是普遍性的，而非特殊性的，中华文明"内求"后找到的是普遍的人类真性，而非民族与个体的个性，"人同此心，心同此理，往古来今，概莫能外"，"放之四海而皆准，行之万世而不悖"。就实践而言，中华天下文明超越了民族国家界限，辐射到周边国家，形成了东亚文明圈。中华文明世界性潜力的根本在于它是现代西方文明的异己文明，为人类文明发展提供了新出口。浴火重生的现代文明将在 21 世纪人类文明进程中大放异彩。

三

马克思主义能扎根中国在于与中国传统文明内在相通，而马克思主义能改造中国在于超越了中国传统文明。近代中国遭遇数千年未遇的文明危机，到鸦片战争与海上西来强敌直面遭逢时，西方文明已经实现了向现代资本主义文明的转型，同时按照自身意志试图塑造世界体系的扩张行动已经进行了 300 多年。在现代西方文明强势打击下，曾经辉煌的中华体系和中华文明面临严峻生存危机。

在浩浩荡荡全球现代化浪潮中，唯有凤凰涅槃方能浴火重生，问题在于文明现代化转型的出路在哪里。

一种是走资本主义现代化道路，这种路径和中华传统文明内具大冲突，鼓吹竞争驱动、适者生存的社会达尔文主义，讲富强不讲王道，将数千年文明之邦变为"动物之薮泽"，鼓吹各自为政、分立制衡，将数千年大一统体制陷于四分五裂之中，这种现代化路径不但难以为中国人所接受，出现了像梁济（梁漱溟父亲）那样为传统文明痛楚遭遇的以死抗争，也使中国社会陷入了更深重的苦难与危机之中。经过第一次世界大战之后，中国人更加看清楚这种现代化路径的巨大缺陷。

马克思主义是新型现代理论，超越了资本主义现代理论体系，与中华传统文明基因内在共通，又能克服西方现代化带来的弊端。马克思主义一进入中国，就易为中国社会所接受，并扎根中国，长成了中国化马克思主义的参天大树，成为中华传统文明走向现代化的最佳路径选择。

"国际悲歌歌一曲，狂飙为我从天落。"马克思主义成为中国现代化转型的指路明灯，马克思主义改变了中国，成为中国走向现代化的指导思想，引领了中华文明的现代化转型，涤荡了数千年沉积下来的污泥浊水。马克思主义对于中华传统文明改造之功，可谓至大、至力、至伟。

其一，马克思主义对于平等社会的追求，以摧枯拉朽之势扫除了传统文化中人剥削人、人欺压人的腐朽因素，推动了传统社会向现代社会的转型。传统文化中"尊尊"之意固然有其合理意义，是维护礼教等级秩序的内在精神要素，但是"尊尊"脱离"亲亲"与"公天下"之意，变成社会资源和政治权力分配的基础之后，却成为数千年阶级压迫的内在文化要素，因此鲁迅要说从写满"仁义道德"的大字的缝隙中看到了满是"吃人"二字，这种不平等性更是成为近代中国走向现代化的最大拦路虎。

"红旗卷起农奴戟，黑手高悬霸主鞭。为有牺牲多壮志，敢教日月换新天。"天下劳民为求平等、求解放的阶级革命，从根本上改变了传统社会不平等的经济结构、政治结构与社会结构，同时为现代经济社会活动创造了根本条件，废除各种政治和社会特权，废除土地私有制、人身依附关系、男女不平等关系等，使得人民从数千年的等级束缚中解放出来，数千年等级森严社会转变为人人享有平等权利、人民当家作主的现代社会。

有意思的是，革命表面上是要打倒传统文化，"打倒孔家店"，但从深层而言，却与传统文化内在大义相通，并将传统文化不可企及的理想现实化。儒家追求大同，不可得而退求其次，而讲仁义礼仪，取法于中，在现实中往往只是得其下者，社会主义革命恰恰是大同理想的现实化。佛家讲众生平等、道家讲齐物平等，而这只是出世法，要在世间法中追求平等，又非从马克思主义所言的经济、社会、政治、文化结构的改造入手不可。

其二，马克思主义进步史观，改变了中国传统文化保守的气质，促进了中国社会的现代化转型。中国传统史观是保守史观，儒家理想社会是"三皇五帝"时期，而后世社会的最大追求就在于恢复三代之制。"天不变，道亦不变"，儒家礼法秩序是历百代而不可变的，虽有王朝之更替，亡国但不亡天下，并无礼法秩序的根本变革。这种保守史观成为中国进入现代社会的巨大障碍。马克思主义唯物史观建立了"现实的人及其历史发展的科学"，它是进步史观，将人类社会看成从低级阶段向高级阶段演进的发展过程，并建构了人类社会发展的五阶段说，同时唯物史观给出了推动社会进步的前进动力和具体路径。

面对前所未有的西方现代文明冲击，唯有大破大立才能实现中华文明的浴火重生。近代中国正是在马克思主义理论指导下，通过暴风骤雨的革命与艰苦卓绝的建设，才实现了现代化转型。正是对于社会主义理想社会的追求，使得许多人投身于对落后现状的物质和思想的批判，投身于改变落后现状的物质和思想的建设。正是通过"阶级革命"的内在动力，才激发凝聚起中国人民团结斗争的伟力，一扫长期以来武德不振之风，战胜了内外部敌人。正是通过发展生产力、调整生产关系、变革上层建筑，才推动了中国的经济社会结构的沧桑巨变，推动了传统社会向现代社会转型。

其三，唯物史观对于物质生产活动的重视，弥补了传统文化过分重视"向内求"带来的弊端，推动了中国社会向现代生产力与生产关系转型。内求文化有其巨大优势，弊端在于对主体生存所依赖的外在世界改造能量投入不足。中国传统文化重心在于伦理社会建设和政治建设，这也会带来物质生产条件改变相对滞后，出现了农业生产的内卷化。有关研究表明，2000多年来土地生产率只有缓慢上升，清朝中期粮食亩产量只比战国末期提高了70%，历史上的经济增长主要是依靠人口扩张带来的"低水平均衡"增长。自足和平的文明体常常是文治有余，武备不足，面对外敌入侵，平日里"袖手谈心性"的臣子束手无策，只好"临危一死报君王"。这种内向化发展的文明体在一个已经日益整合成单一世界体系的政治经济格局中，其局限性更是凸显。尤为重要的是，传统文明对科技发展重视不够，常抱"民多利器，国家滋昏""巫医乐师百工之人，君子不齿"的观念。与西方文明相比，中国传统文明最大短处恰恰在此，而近代以来遭遇西方强敌所暴露的最大痛处也在于此，坚船利炮是要吃人的，而科技落后是要挨打的。

唯物史观从人类社会一个简单事实出发——人们首先必须吃、喝、住、穿，才能从事其他活动；人类社会的第一历史活动是生产自己的生活资料，同时间接地生产自己的物质生活本身。人的解放和人类社会的发展首先在于其现实处境的改善，而其中生产能力的提高是第一前提。在唯物史观指导下，新中国以提高生产力为中心推动国家发展，推动传统农业为主的经济转向工业化和体系的现代化，同时通过不断改革创新构建了现代生产关系。科学技术是第一生产力。新中国努力追赶人类的科技发展前沿，不断推动科技创新，从根本上改变了中国科技落后的状况，成为世界科技大国。唯物史观是一种全球性的历史观，中国始终将自身的革命、建设和改革开放看成世界整体历史的有机组成，在内外两个大局相互关联，内外两个市场、两种资源相互促进的视角下推进现代化的历史进程。

其四，马克思主义政治理论，引领中国从传统政治向现代政治转型。中国有着悠久的政治治理传统，具有丰富的理论与实践，但是建立在皇权中心、官僚特权、地主阶级统治基础上的传统政治，在清朝末年已经成为严重阻碍中国推进现代化的因素。马克思主义政治理论引领了中国现代政治体制的构建。马克思主义政党理论，特别是列宁建党理论深刻影响了中国，推动中国建立了现代政党制度。现代政党成为凝聚中国社会的核心力量，并构建了以政党为中心的现代国家制度。马克思主义人民民主理论引领了中国人民民主国家建设，从根本上废除了传统社会不平等的政治权力，建立了人民民主专政政权，建立了人民代表大会制度，推进全过程人民民主实践。马克思主义法哲学思想引领中国现代法治国家建设，将政治权力纳入法治规则体系，将现代化进程纳入法治化轨道，走出了中国特色的全面依法治国道路。

四

马克思主义改造了中国，而中国再造了马克思主义。马克思主义基本原理同中国具体实际相结合、同中华优秀传统文化相结合，推进马克思主义中国化时代化，推动马克思主义迭代升级，成为现代中国文明新形态的有机组成和强大引擎，推动马克思主义发展进入新的阶段。

马克思主义在中华传统文化大洋流中，在伟大实践斗争大熔炉中得到了新的锻造，实现了新的升级。举其大者，有以下几点：

其一，发展了辩证唯物主义哲学，形成了中道辩证思维、知行辩证思维。辩证唯物主义通过与中华优秀传统文化结合，在本体论和认识论上都得到了进一步发展。马克思主义唯物辩证法和中国中道思维、整体论思维结合，形成了矛盾论、系统论，形成了中道辩证的中国道路，"仇必和而解"，"执其两端而用其中"，矛盾双方能够更好地有机结合，相反相成。正是基于中道辩证的思维，中国社会主义道路才能够整合苏联的现代化模式和西方的现代化模式，创新出一条中国式现代化道路，才能够将表面矛盾的事物有机结合。例如，社会主义与市场经济的结合形成社会主义市场经济，将党的领导与人民民主有机结合，形成全过程人民民主。马克思主义实践主体的观点与中国传统的"知行合一""知行统一"的知行关系哲学结合，发展了马克思主义认识论，形成了实践论、实事求是认识路线、实践是检验真理唯一标准等理论创新成果。

其二，发展了历史唯物主义，形成新的唯物史观。马克思主义唯物史观和中国传统哲学强调主体方面结合，发展了唯物史观的主体方面，历史能动主体能够通过对于共同目标的追求、理论建设、精神的力量等发挥其主体性要素，通过把握历史大势，把握历史主动，实现历史进程的"合规律性与合目的性的统一"。马克思主义阶级斗争思想和中国传统和合思想结合，形成了超阶级的阶级——人民，区分了人民内部矛盾与敌我矛盾，将阶级协作与阶级斗争概念有机结合在一起。马克思主义的人民立场、阶级立场与传统的民本思想结合，形成了为人民服务、人民至上、以人民为中心，群众路线等一系列新的思想认识。

其三，发展了马克思主义政治经济学，形成了新的社会主义政治经济学。政治经济学是马克思主义的重要组成，马克思的《资本论》主要回答了资本主义经济为何会丧失存在的合理性，苏联《政治经济学教科书》等初步回答了如何建设社会主义经济。中国在社会经济建设过程中，不断探索中国的社会主义政治经济学，在社会主义建设时期提出了以生产力和生产关系、经济基础和上层建筑平衡不平衡为纲来构建社会主义政治经济学，改革开放后提出我们要写出新版本的政治经济学，到新时代进一步强调中国特色社会主义政治经济学构建。中国通过在实践中探索社会主义政治经济，并不断升级，形成了新的社会主义政治经济学理论，包括社会主义和市场经济的有机结合，党对经济工作的领导，公有制经济和非公有制经济共同发展的基本经济制度，国家规划和市场经济结合，地方政府在市场经济活动中的平台功能，社会主义市场经济条件下的新型举国体制，社会主义规范引导私人资本健康发展，走共同富裕道路，等等。

其四，发展了马克思主义建党理论，建设了前所未有的新型政党。马克思主义建党学说和中国传统贤能政治结合，形成了新型政党制度，创造了前所未有的新型政党——中国共产党。中国共产党建党理论渊源于列宁式政党，但是在实践中又超越了列宁式政党。中国共产党和人民群众之间既是领导与被领导关系，又是互为师生辩证关系。中国共产党不但强调纪律性，同时也强调群众和普通党员积极性的发挥，强调从群众中来、到群众中去。中国共产党是中国工人阶级、中国人民和中华民族的先锋队，这一性质也使其超越了无产阶级政党和全民党的二元争论。中国共产党既代表整体，同时又偏向中下层；中国共产党既具有国际主义胸怀，同时又肩负着民族伟大复兴的历史使命。中国共产党也并非所谓的全能型政党，而是赋能型政党。中国共产党于国家政权、社会、市场广泛在场，但是这种在场建立在现代社会精密自主的分工体系基础上，不是简单的权力控制，而是通过广泛联结、引领，使整个社会既保留多中心、多元性带来的巨大活力和灵活性，同时又能够成为有机统一的整体。

文明大河源远流长，潜流深沉，浩荡前行。中华文明可亲可久可大，马克思主义的汇入推动中华文明发展进入新的伟大境界，马克思主义的现代性推动了中华文明现代化转型，马克思主义的世界性也将推动中华文明的全球性转型。

海德格尔曾经预言："中国到来——作为唯一的世界—民族。"*
在漫长的 21 世纪，人类文明的历史发展已经进入中国时刻，经过
马克思主义洗礼的中国现代文明，将对 21 世纪人类文明发展肩负
着独特的重大责任。

---

* 出自马尔巴赫德国文学档案馆"海德格尔遗产"文献，张柯译。

大道相通

第一章

马克思主义与中华优秀传统文化相结合的五大维度

白钢 复旦大学中文系教授、复旦大学思想史研究中心秘书长近代以来，在数千年未有之大变局中，中国人将马克思主义运用于伟大实践。毛泽东提出，把马克思主义普遍原理与中国革命的具体实际相结合；习近平进一步提出，把马克思主义基本原理同中国具体实际相结合、同中华优秀传统文化相结合。马克思主义的伟大实践与5000多年中华文明相结合，深刻地说明了中国化马克思主义、中国道路在人类文明发展史上的地位，为构建人类命运共同体奠定了理论与实践的基础，开辟了人类现代化的新道路，奠定了人类文明新形态。这是划时代的伟大创造。马克思主义能够植根中国大地，开花结果，在于中华文明有适合的土壤，正如党的二十大报告所指出："坚持和发展马克思主义，必须同中华优秀传统文化相结合。只有植根本国、本民族历史文化沃土，马克思主义真理之树才能根深叶茂。"二者的结合，是具体的，不是抽象的；是历史的，不是教条的，体现在世界观、方法论和历史观等方面，化为"人民群众日用而不觉的共同价值观念"。

谈到马克思主义与中华优秀传统文化相结合的时候，首先会遇到一个问题，即作为一种在西方文明中生成的思想学说，为何能与拥有5000多年悠久历史的中华文明传统相结合？

要有效回应这一问题，需讨论马克思主义与其所产生之背景的西方文明乃至地中海文明的关系，以及中华文明与地中海文明在精神根底处的差别。

马克思主义诞生于19世纪的欧洲，从一开始，它就带有探索"普遍历史"（allgemeine Geschichte）之演化规律的内在诉求，也从一开始，就带有对于西方文明的深刻反思批判，既是其继承者，更是其批判者。马克思主义过去100多年的发展总的趋势是，由理论而实践，由抽象而具体，由构想而现实，由西方而东方。可以说，它脱胎于西方文明，发展于东西方文明的结合处，大成于东方文明。

马克思主义与中华文明传统的结合，体现在五个方面：从现实出发的世界观；高度灵活辩证的方法论；以人民为历史发展根本动力的人民立场；超越狭隘的民族主义或帝国视野的天下观；从事物内部及事物之间的关系中寻求内在的规律（"内求"），而不是诉诸某种外在超验存在或超级权威的理论气质。

"内求"的理论气质

"内求"之为"内求"，其所求者为真理，"内求"意味着从事物本身与事物之间的关系中寻找内在规律，探索真理。"内求"认为真理寓于事物之中，寓于人对于事物规律的探索之中，对于真理的探索，伴随对于事物内在规律之认知深化而不断演进，这一进程是无穷尽的。与之相对，"外求"则意味着把真理视作某种外在于事物也外在于人的超验存在，即便存在事物的规律性，这种规律性（及其背后的真理）也不在事物内部乃至作为整体的世界内部，而在世界之外，是无法真正被认识的，只能期待从外部加以规定或赐予。

"外求"与"内求"，皆不是纯粹抽象的思辨产物，而根植于对于世界与生命的本质认知："外求"对应于"创生论"，"内求"对应于"生生论"。

"创生论"的核心，在于将世界的本源归于某种特定的神圣者，将世界的生成想象为这位神圣者以工匠对待产品的方式加以制造，将这位世界的制造者认作绝对主宰。这位创造者以特定的技艺，组织特定的材料，制作呈现特定的产物，产物完成的时间即为其绝对时间起点。因其将创造—制作的原则置于生命之上，故名之为"创生"。

"创生论"虽能解释世界的创造，却无法解释世界的创造者由何而生，因此高明的"创生论"必与"生生论"结合，其基本理路为：

人所处的世界由神创造，遵循创生的原则；而作为世界创造者的神，自身则超越于"创生"（制造—创造）的逻辑之外，而直接体现"生生"之旨。这种认知，在神与人、神与世界之间，划出一道截然不同、不可逾越的界限，将永生—不朽归于神圣者，以有死—有朽归于世间。

西方文明（进而地中海文明）立足于"创生"论，即把世界想象为某种神的"作品"或说"造物"。按照这种理路，一切事物的意义，都是由外在的神或超级权威所赋予的；事物发展的规律，也同样是外在于事物本身的，是被"给定的"。

中国传统所主张之"生生论"，则无须作这样神人永隔式的截然划分：生之为生，正在其起源之超越言语思维，故无须纠结于此，生命的存在及其生生不息的繁衍，本身就有意义。或者说，生命本身就是意义，不需要寻找某种外在的意义赋予者。此种观念是儒道两家思想最核心的共通之处——"生生之谓易"[1]。

由于作为中国文明本土传统之最高明代表的儒道两家，皆遵循"生生"之旨，于是形成了中国文明"反求诸己"的"内求"（也包含"内观""内省"）精神传统：儒家之论"君子求诸己，小人求诸人"，"躬自厚而薄责于人"，"己所不欲，勿施于人"（《论语·卫灵公》），"学问之道无他，求其放心而已矣"（《孟子·告子上》），"行有不得者皆反求诸己"（《孟子·离娄上》）；道家之论"致虚极，守静笃，万物并作，吾以观其复"（《道德经·第十六章》），"知人者智，自知者明。胜人者有力，自胜者强"（《道德经·第三十三章》），"物无非彼，物无非是。自彼则不见，自知则知之"（《庄子·齐物论》），"恬淡虚无，真气从之，精神内守，病安从来"（《素问·上古天真论》），皆是这种精神传统的呈现。

正是拒绝把世界的意义归于世界之外的存在，而是从生命、从现实、从人的生产生活出发，去解释世界并改造世界，构成了中华文明传统与马克思主义在根本理论气质上的相契。也正是从"生生"之道出发，中国形成了基于生命观察以认识世界的传统。生命现象是真实而切近的，故重实际而不尚虚诞，从而通向唯物论；生命现象又是复杂的、整全的、不息变动的，故而重辩证、重综合、重与时偕行，从而通向辩证法。

二

世界观的根底：唯物论与历史唯物主义

恩格斯《在马克思墓前的讲话》中，对马克思所发现的人类历史发展规律如是概括："人们首先必须吃、喝、住、穿，然后才能从事政治、科学、艺术、宗教等等；所以，直接的物质的生活资料的生产，从而一个民族或一个时代的一定的经济发展阶段，便构成基础，人们的国家设施、法的观点、艺术以至宗教观念，就是从这个基础上发展起来的，因而，也必须由这个基础来解释，而不是像过去那样做得相反。"它呼应马克思在《〈政治经济学批判〉序言》中的经典论断："人们在自己生活的社会生产中发生一定的、必然的、不以他们的意志为转移的关系，即同他们的物质生产力的一定发展阶段相适合的生产关系。这些生产关系的总和构成社会的经济结构，即有法律的和政治的上层建筑竖立其上并有一定的社会意识形式与之相适应的现实基础。物质生活的生产方式制约着整个社会生活、政治生活和精神生活的过程。不是人们的意识决定人们的存在，相反，是人们的社会存在决定人们的意识。"这是马克思主义唯物论暨历史唯物主义之根本要旨所在。

中国人带有唯物主义性质的世界认知，产生于漫长历史中的共同劳动，体现于衣食住行、婚丧嫁娶、迎来送往、敬天法祖的方方面面，从极丰富饱满生动鲜活的实践中，凝结出"实事求是"这一成语。它最早出现于班固《汉书·河间献王刘德传》，其思想渊源则在先秦时期便已清晰可辨，《中庸》中具有至高意味的"诚"[2]，《周易》中作为乾之四德之一的"贞"[3]，乃至《道德经》中所言"其精甚真，其中有信"之"信"[4]，皆与此密切相关。

毛泽东在《改造我们的学习》一文中，对"实事求是"这一古老成语进行了极富创造性的解读，赋予其马克思主义的品质与鲜明的时代特征："'实事'就是客观存在着的一切事物，'是'就是客观事物的内部联系，即规律性，'求'就是我们去研究。"这就意味着，从实际情况出发，发现事物的内在规律暨内在联系，从而指导实践。此后，"实事求是"被确定为中央党校的校训，成为中国共产党思想路线的核心，它与"群众路线""独立自主"一道，构成毛泽东思想具有根本意义的活的灵魂。

亦古亦新的"实事求是"，是马克思主义唯物史观与中华文明传统融通的典范。中华文明传统，以"道"作为对寓于宇宙万物之规律与真理的最高命名。相对于其他古老文明（特别是希腊文明），中国传统对于"道"的描绘，更多不是从纯粹的思辨与概念运动出发，而是从具体的历史事实出发，如司马迁《史记》第130卷《太史公自序》引孔子之言"我欲载之空言，不如见之于行事之深切著明也"。因而，在儒家传统的"经史子集"四部分科中，史与经的关联最为紧密，乃至有"六经皆史"之说[5]。

唯物史观，对于中国这样一个特别重视历史、特别希望为自身历史找到系统性解释的文明体，具有特殊的说服力。这种说服力在于，它可以有效地回应三个核心问题：从哪里来？到哪里去？现处何处？在20世纪30年代发生的中国社会性质论战与社会史问题论战中，唯物史观得以在中国先进知识分子中确立绝大的影响，其根本原因即在于此。

中国共产党对于中国社会发展阶段的界定，构成了确立不同阶段党的中心任务之根本依据。党的十九大报告提出："中国特色社会主义进入新时代"。党的二十大报告提出："中国共产党的中心任务就是团结带领全国各族人民全面建成社会主义现代化强国、实现第二个百年奋斗目标，以中国式现代化全面推进中华民族伟大复兴。"这正是以唯物史观解释历史与现实，并为伟大实践提供理论指引的鲜活体现。

三

高度一致的方法论：辩证法

马克思主义唯物辩证法的实质与核心，在于对立统一规律：一切事物内部与事物之间皆包含矛盾，矛盾双方的统一与斗争，推动着事物的运动、变化和发展。列宁指出："就本来的意义讲，辩证法是研究对象的本质自身中的矛盾。"毛泽东在《矛盾论》中进一步指出："事物矛盾的法则，即对立统一的法则，是自然和社会的根本法则，因而也是思维的根本法则。"

唯物辩证法与以往的唯物主义的最大差别，在于其鲜明的主体性与实践性。[6] 在其视野中，事物不只是由一切既有事实构成的固定对象，更是可以通过革命实践改造且自身在不断孕育着新鲜的革命性要素的变化主体。面对生产力与生产关系、经济基础与上层建筑、客观存在与主观认识的矛盾统一体时，绝不机械僵硬地坚持前者对于后者的决定支配地位。相反，它始终坚持强调实践过程中后者可以施加于前者之巨大的、革命性的能动反作用，对于实践而言，这种能动反作用常常是威力巨大的。俄国革命与中国革命的胜利，就是鲜明例证。

要理解真正的辩证思维，需理解其对立面——形而上学思维。恩格斯指出，形而上学思维的根本局限在于：把事物与过程从总体性中孤立出来，"不是从运动的状态，而是从静止的状态去考察；不是把它们看作本质上变化的东西，而是看作永恒不变的东西；不是从活的状态，而是从死的状态去考察"。形而上学者，总是习惯于"在绝对不相容的对立中思维"。"在他们看来，一个事物要么存在，要么就不存在，同样，一个事物不能同时是自己又是别的东西。"这固然是符合一般常识的，但不能真正理解超越常识界限的复杂世界，因为正如恩格斯在《社会主义从空想到科学的发展》中所言："任何一个有机体，在每一瞬间都是它本身，又不是它本身；在每一瞬间，它同化着外界供给的物质，并排泄出其他物质；在每一瞬间，它的机体中都有细胞在死亡，也有新的细胞在形成；经过或长或短的一段时间，这个机体的物质便完全更新了，由其他物质的原子代替了。所以，每个有机体永远是它本身，同时又是别的东西。"

因而，辩证法的精义就在于，不把事物看作静止的、不变的、死的东西，而要当作运动的、变化的、活的东西，这就是生命的原则，也就是"生生之道"。这是辩证法与中国传统相契甚深之处。

中国传统的辩证思维，其最根本的体现在于《周易》。易的原则有三：不易，变易，简易[7]。此易之三义，在《中庸》中有精妙对应：《中庸》第二十六章言："天地之道，可一言而尽也。其为物不贰，则其生物不测。"朱熹注曰："可一言而尽，不过曰'诚'而已。""一言而尽"，简易也；"为物不贰"，不易也；"生物不测"，变易也。易之三义，正体现了事物之体、相、用三者的辩证统一，以及蕴藏其中的"生生之德"。周易卦象之正卦、错卦、综卦、互卦，代表着观察对待事物所取的不同视角—立场，以及这些视角—立场之间的相互限定、相互转化、相互成就，充分反映了"错综复杂"的世界情态，以及与复杂系统对应的复杂性思维（全面的、综合的、换位的、全过程的等等）。

与易之精神相融通，《道德经》于万事万物关系，特别是对立关系的可转化性，论之尤深切[8]。《黄帝内经》提出"阴平阳秘""以平为期"的医学理念[9]，以阴阳之间的动态平衡为身体健康之核心，后世中医在此基础上发展出"辨证施治"的理念与实践，形成八纲辨证、脏腑辨证、经络辨证、三焦辨证、六经辨证、气血津液辨证、卫气营血辨证等多种辨证方法，作为各种辨证方法之总纲的八纲辨证，以阴、阳、表、里、寒、热、虚、实八类证候（"八纲"），对病情进行分析综合，以辨明疾病的性质、病变部位、病势的轻重、机体反应的强弱、正邪双方力量的对比等情况。

特别需要指出的是，中国传统的辩证法，远非"朴素的辩证法"之类提法可以涵盖，而是与"生生之道"相应、极高明而完整的体系。因而，它与马克思主义唯物辩证法的有机结合，其意义远远超出为后者提供古代证据或一般思想史材料的层面，而指向两个伟大思想体系的融通与创造性综合。

四

以人民为中心、以人民为历史发展的根本主体

　　提到中国传统的人民观，人们往往会联想起李世民听取魏徵那句著名的论断"水能载舟，亦能覆舟"，作为统治阶级认识到人民所拥有的力量之后的某种自我提醒，当然有其积极意义，但以此涵盖传统的人民观，则远远不够。事实上，自殷周之变以来，中国的人民观便包含三重含义：

　　其一，民本立场。例如，"民惟邦本，本固邦宁"（《尚书·五子之歌》），"后（即君）非众，无与守邦"（《尚书·大禹谟》），"得天下有道，得其民，斯得天下矣；得其民有道，得其心，斯得民矣"（《孟子·离娄上》），"民为重，社稷次之，君为轻"（《孟子·尽心下》），"天之生民，非为君也；天之立君，以为民也"（《荀子·大略》），"天下非一人之天下也，天下之天下也"（《吕氏春秋·贵公》）。

　　其二，以民心民意通于天心天意的天命观。例如，"惟天惠民"，"天矜于民，民之所欲，天必从之"，"天视自我民视，天听自我民听"（《尚书·泰誓》）；"圣人无常心，以百姓心为心"（《道德经·第四十九章》）[10]。

　　其三，人民革命观。其典型代表为《周易·革·彖辞》："汤武革命，顺乎天而应乎人。革之时大矣哉！"

　　这三重含义相互关联，层层递进，以民本立场为基础，以民心民意通于天心天意之天命观为升华，以顺天应人之人民革命观为高潮。作为一个整体，中国传统的人民观与马克思主义的人民观深刻契合。

　　马克思主义的创始人，将人的全面自由与解放确立为共产主义社会的基本特征，即让人从被资本所占有、使用、支配的物的异化地位中摆脱出来，将人作为人来对待和尊重，以人的全面发展为旨归统领经济、社会的发展，"代替那存在着阶级和阶级对立的资产阶级旧社会的，将是这样一个联合体，在那里，每个人的自由发展是一切人的自由发展的条件"（《共产党宣言》）。在此意义上的人，不是抽象的概念或孤立的"原子式个体"，而始终是活生生的、在生产生活的实践彼此关联、构成共同体的人民。

　　马克思主义的人民观，不但意味着社会所有制以全体人民共同所有的形式为基础，社会发展成果由全体人民共享，为人民服务成为最崇高的社会价值，也意味着，始终将人看作具备高度主观能动性的、以自我实践改造世界及其自身的实践主体，将人民视作历史前进的根本动力，信任乃至信仰人民拥有无穷智慧，能够自己做自己的主人、管理国家也管理自己，进而通过管理自己来管理国家，在改造世界的过程中改造自己，在创造历史的过程中创造新的自我本质。这种发展与改造自我本质的过程，就是人民接受先锋队组织——共产党的教育并进行自我教育的过程。人民在本质上有别于孤立个人的复数形式，就在于能够通过先锋队组织的教育、领导和组织，将自己本具的觉悟充分激发出来；而作为先锋队组织的共产党，其先进性正在于能将人民本具的觉悟充分展现出来。人民的主体性与党的主体性是相互成就的。

这种先锋队组织与人民群众的辩证关系，在毛泽东的《愚公移山》一文中有着最深切著明的表述："我们宣传大会的路线，就是要使全党和全国人民建立起一个信心，即革命一定要胜利。首先要使先锋队觉悟，下定决心，不怕牺牲，排除万难，去争取胜利。但这还不够，还必须使全国广大人民群众觉悟，甘心情愿和我们一起奋斗，去争取胜利。要使全国人民有这样的信心：中国是中国人民的，不是反动派的。中国古代有个寓言，叫做'愚公移山'。说的是古代有一位老人，住在华北，名叫北山愚公。他的家门南面有两座大山挡住他家的出路，一座叫做太行山，一座叫做王屋山。愚公下决心率领他的儿子们要用锄头挖去这两座大山。有个老头子名叫智叟的看了发笑，说是你们这样干未免太愚蠢了，你们父子数人要挖掉这样两座大山是完全不可能的。愚公回答说：我死了以后有我的儿子，儿子死了，又有孙子，子子孙孙是没有穷尽的。这两座山虽然很高，却是不会再增高了，挖一点就会少一点，为什么挖不平呢？愚公批驳了智叟的错误思想，毫不动摇，每天挖山不止。这件事感动了上帝，他就派了两个神仙下凡，把两座山背走了。现在也有两座压在中国人民头上的大山，一座叫做帝国主义，一座叫做封建主义。中国共产党早就下了决心，要挖掉这两座山。我们一定要坚持下去，一定要不断地工作，我们也会感动上帝的。这个上帝不是别人，就是全中国的人民大众。全国人民大众一齐起来和我们一道挖这两座山，有什么挖不平呢？"

感动"上帝"，意味着以感同身受的方式打动乃至引动神圣而全能的力量；人民大众就是这个"上帝"，意味着人民本身就是此世间一切神圣全能之力量的源泉。坚持下去感动人民所代表的"上帝"，意味着要以共产党的觉悟引发人民的感同身受，激发人民本具的无上觉悟，以此觉悟所转化成就的神圣全能之力战胜一切艰难险阻，将革命进行到底。

国际主义与天下关怀

　　《大学》作为四书体系之首，其核心在于"三纲领""八条目"，"八条目"中，以"格物致知诚意正心"为修持，以"修身齐家治国平天下"为应用，贯通了传统中国有关个体（身）、家庭—家族（家）、国家—国族（国）、超越国家之普遍性（天下）的关系，完美地呼应朱熹在《四书集注》中对"己所不欲，勿施于人"（《论语·卫灵公》）的注解——"推己及物"（后人在此基础上发展为"推己及人"）。与之可堪对照的是，《道德经》有云："修之于身，其德乃真；修之于家，其德乃余；修之于乡，其德乃长；修之于邦，其德乃丰；修之于天下，其德乃普。故以身观身，以家观家，以乡观乡，以邦观邦，以天下观天下。吾何以知天下之然哉？以此。"[11] 这种由内及外、由己及人、由身及家、由国及天下的理路，构成了中国式天下观的基础。

　　与中国传统这种推而广之（在经典意义上，亦可谓"大而化之"[12]）的理路相反，希腊传统则突出了个人与共同体、家族与城邦国家之间的尖锐矛盾，"破家成国"更是成为希腊悲剧最具影响力的主题，埃斯库罗斯的俄瑞斯忒亚三部曲——《阿伽门农》《奠酒人》《复仇女神》、索福克勒斯的《俄狄浦斯王》《安提戈涅》、欧里庇得斯的《美狄亚》《酒神的伴侣》，皆以不同的方式展现了二者间惊心动魄的冲突。这直接影响了后世西方的世界认识与想象，在基督教为这种个体、家族、国家的世界图景添上与教会相应的"天下"（oikoumenē）这一维度后，这种对立与冲突非但没有消失，反而在中世纪发展出教会与国家的二元对立结构，并衍生一系列的宗教迫害与宗教战争。近代以来，伴随着政教分离的过程，这种旧的对立结构，则衍化为个人—群体、社会—国家、私有产权—公共权力、私人领域—公共领域、消极自由—积极自由等一系列二元对立。

马克思主义的国际主义，超越了基于原子式个体假设的个人主义—自由主义和将国族视作永恒实体的民族主义—国家主义之二元对立，以《共产党宣言》中"无产阶级只有解放全人类，才能最终解放自己"与"全世界无产者联合起来"的庄严宣告为标志，指向无产阶级与一切被压迫民族通过世界性的大联合，摆脱一切内外压迫、争取独立自由的解放道路。

这种通向社会主义与共产主义的世界图景，与《礼运·大同篇》中描绘的理想境界——"大道之行也，天下为公，选贤与能，讲信修睦。故人不独亲其亲，不独子其子，使老有所终，壮有所用，幼有所长，矜寡孤独废疾者皆有所养"，具有文明论的亲近契合，从而化作近代以来中国人民迅速接受马克思主义、成功地将其与自我历史—现实有机结合、实现马克思主义的中国化进而达到中国化马克思主义的持久动力。

在当代语境下，这种文明论意义上的创造性综合，令传统中国的天下观重新焕发活力：天下不是依托于有形之国家疆域的纯粹地理延展，不是依照暴力或资本的原则确立的特定利益范围，也不是以征服为旨归的压迫性的区域帝国或世界帝国，而是来自不同的国家民族、具备不同的文化信仰习俗之人群作为平等主体所结成的文明共同体—命运共同体。它以具有"了解之同情"的文明认同为基础，以"推己及人""和而不同"为原则，以"远近大小若一"为理想，以"共进于太平"为旨归。

正是在此意义上，中华人民共和国成立以来，中国政府始终坚持"不称霸"的立场，这绝非因力量尚未充备而采取的权宜之计，而恰恰是中国道路的本质体现。20 世纪 50 年代以来，天安门城楼一直以"中华人民共和国万岁"与"世界人民大团结万岁"并举，以一种深切显明的方式诠释着：何谓社会主义中国的天下关怀，何为人类命运共同体。

中华文明传统源远流长，博大精深，其体则儒释道三教和合，其用则儒法互补，进而吸收融汇其他的文明资源（如唐代的景教、祆教、摩尼教等）而化成自身，从未形成事实上一家独尊的格局。

马克思主义与中国实际的结合，能在较短的时间内如此深刻彻底地实现，其根源便在于马克思主义代表的科学社会主义和中国前现代传统内核中包含的"社会主义"精神高度相契，相互激发，砥砺融合，高明更进，毛泽东思想正是在这种文明融合的基础上生发与成熟的。

在新时代推进马克思主义与中华优秀传统文化相结合的过程中，应特别注意，对待传统需要有温情，但是绝不能只有温情。如果只有温情，会落入另一种历史虚无主义当中去：那种历史虚无主义要把中国传统跟通过中国革命所塑造起来的新中国对立起来，或是想要用传统的价值观来取代马克思主义。

应该让更多的人明了，五四运动与中国革命，一方面是对以儒家传统为代表的封建宗法制度及其文化表达的激烈批判，另一方面恰恰激活了传统中处于边缘地位的某些思想资源，如墨家所倡导的"摩顶放踵以利天下"的奉献精神，就与革命理想主义—英雄主义极自然地结合起来。对于儒家而言，作为文化运动的"五四"所激烈批判的，是儒家内部强调等差秩序的"文家法"，作为五四精神继承者的中国共产党所领导的革命事业，则将批判的矛头聚焦于儒家文家法之经济—政治—社会基础的封建土地所有制与人身依附关系。土地改革，非但是调动最广大农民群众的能动性参与革命实践的必然要求，也是对于封建宗法制度及其意识的彻底清算。这就是海外新儒家所谓"花果凋零"的本质所在。

　　但是，中国革命同时也是儒家内部强调平等的"质家法"之精华被空前激发的过程，作为这一脉络之典范的夏道（"忠道"），可回溯夏之创始人大禹为治水"三过其门而不入"（《孟子·滕文公上》《孟子·离娄下》），以天下为心，菲饮食、恶衣服、卑宫室（《论语·泰伯》），这种尚忠而不顾私、团结人民、艰苦奋斗、改天换地的精神，在中国革命中得到了最好的体现。

　　因而，五四运动与中国革命，从来不是单纯作为前现代传统的激进批判而发生，而是让前现代传统中包含的复杂张力充分释放，在"大破"中"大立"，以"大破"促"大立"，以非主流的边缘性的传统冲击动摇原先占据主流地位的传统，从而推动古老文明在与过往决裂中自我延续，通过传统的扬弃实现传统的重生，这是"与时偕行""折中损益"的中华文明真精神所在，也是对于传统的真正尊重。相对于以温情为传统中存在的各种问题辩护粉饰的弱者立场，这是一种更冷峻更具现实感也更考验精神之坚韧整全的文化态度，即直面传统的问题，摄受之，解决之。

毛泽东关于批判地继承历史文化遗产、取其精华去其糟粕的论述，今天依然具有极深刻的现实性。如何有效地界定传统文化乃至一切文化中的精华与糟粕，需要更全面深入的讨论。但是，基于周易的"三易"原则中的"简易"之道，或许可以把平等与觉悟，作为讨论这一问题的基础性概念。[13]

何中华　山东大学哲学与社会发展学院教授·博士生导师

第二章 ————

马儒会通何以可能？

晚清以降，西方列强凭借其坚船利炮打开了中国的大门。两次鸦片战争和中日甲午海战，使中华民族遭遇到"三千年未有之大变局"（李鸿章语）。中国的志士仁人左冲右突，寻求救亡图存之道。历史的惨痛教训告诉国人，老祖宗的路已然走不通，西方资本主义的路也遇到了双重限制，即客观上不可能，主观上也不情愿。西方列强决不愿意看到一个东方大国变成同他们分庭抗礼的对手，所以中国走资本主义的路走不通。1914年第一次世界大战的爆发，也使中国人见证了西方资本主义文明的致命缺陷，从而不愿意重蹈其覆辙。1917年俄国十月革命的成功，为中国道路的选择开辟了一种全新的前景。正如毛泽东所说的那样："十月革命一声炮响，给我们送来了马克思列宁主义。"[14] 中国人最后选择了马克思主义所昭示的未来之路，从而深刻地改变了现当代中国历史轨迹，深刻地改变了中国人的历史命运，一举扭转了近代以来所面临的被动挨打的局面，使中华民族获得了独立，赢得了尊严，实现了解放，开启了历史性的崛起和伟大复兴的进程。

对于命运多舛的中华民族来说，马克思主义无疑是一种真正的拯救力量。但这并不意味着可以用马克思主义来取代中国文化及其传统；恰恰相反，正是中国传统文化这一底色才使得马克思主义的中国化成为可能。马克思主义不仅深刻地影响并改变了中国，而且使儒家及其代表的中国传统文化实现了现代化。反过来说，儒家及其代表的中国传统文化，也使马克思主义在中国获得了"民族形式"，从而实现了本土化。这种互化，正是马克思主义中国化的过程。马克思主义之所以能够在中国的土壤中生根、发芽、开花和结果，从而成为毛泽东所说的那种"活的马克思主义"，归根到底就在于它能够同中国传统文化实现内在的会通和融合。应该说，这是马克思主义中国化得以实现的一个不可或缺的重要条件。

马克思主义来到中国并逐步传播开来，无法回避同以儒家学说为代表的本土文化的关系问题。这种关系经历了从相遇（彼此见面），到相通（彼此会通）、相融（彼此渗透）、相化（彼此改变）、相生（彼此发明），再到相成（彼此成就）的过程。马克思说过："两个相互矛盾方面的共存、斗争以及融合成一个新范畴，就是辩证运动。"[15] 两个不同的东西，经过彼此的博弈和激荡，在相互扬弃、相互改变中又相互成就，彼此会通，融合成一个新范畴，这个过程正是马克思所谓的辩证运动的实质。马克思主义同中国传统文化彼此激荡、博弈、互化，最后形成新的理论形态，那就是中国化了的马克思主义。在一定意义上，我们可以说，马克思主义中国化不断深化的过程，也是马克思主义同儒家文化传统会通和融合的过程。

那么，马克思主义同儒学相会通的学理依据何在呢？这里不拟展开全面的阐释，只是着重从四个有限的方面一窥究竟。

崇尚实践的诉求

　　无论是马克思主义还是中国传统文化，都高度推崇实践。中国很多学者都把中国传统社会说成一种礼治的社会。应该说，这个观点是符合历史事实的。诚如钱穆所言："中国政治是一个礼治主义的。倘使我们说西方政治是法治主义，最高是法律，那么中国政治最高是'礼'，中国传统政治理想是礼治。"[16]《左传》说："礼，经国家，定社稷，序民人，利后嗣者也。"（《左传·隐公十一年》）由此，我们不难看出"礼"在中国传统社会中的重要地位。在中国文化语境中，"礼"兼有伦理和法律双重含义，因为它是一个比后两者更原始的范畴，后来才衍生法律和伦理秩序。《礼记》曰："夫礼者，所以定亲疏，决嫌疑，别同异，明是非也。"（《礼记·曲礼上》）因此，"道德仁义，非礼不成；教训正俗，非礼不备；分争辨讼，非礼不决；君臣、上下、父子、兄弟，非礼不定。"（《礼记·曲礼上》）显然，从社会和文化功能的角度就可看出，"礼"既有伦理道德效应，所谓备"教训正俗"，同时也兼有法律效应，所谓决"纷争辨讼"。

　　《说文》把"礼"训为"履"，"礼，履也"。[17]"履"的本义为鞋子，所谓"履，足所依也"[18]；其引申义为走路、实际的行动，亦即实践。《毛诗传》曰："履，践也。"[19]《广雅》释"践"为"履"，曰："践，履也。"[20]钱穆说："礼，体也，履也，指躬行实践。"[21]而"履"

又是由"礼"来解释的。《易传》曰："履者，礼也。"（《周易·序卦传》）《尔雅》卷上释言第二曰："履，礼也。"[22]《释名》卷第五"释衣服"亦曰："履，礼也。"[23] 程颐释曰："履，礼也。礼，人之所履也。"[24] 可见，礼履是互训的，这种解释学循环也从一个侧面证明"礼"在本质上所固有的践履性质。程颐又曰："履，践也，藉也。履物为践，履于物为藉。"[25] 所以说，礼治的社会必然是强调实践的。

儒家的根本旨趣在于成就人的道德人格，儒家的学问归根到底是教人"学做人"而已，这就注定了它格外凸显实践的优先地位。孔子弟子子夏说："君子学以致其道。"（《论语·子张》）这个"道"，不是自然界的逻辑，不是自然律，而是做人之道。何谓道德？拿中文比较容易解释，所谓道德也就是得道，德者得也。所以，《大学》一上来就讲："大学之道，在明明德，在亲民，在止于至善。"在孔子所处的那个时代，一个人的学习分为"小学"和"大学"两个阶段。从 8 岁到 15 岁是小学阶段，15 岁开始进入大学阶段。小学阶段的内容主要是洒扫应对的工夫和"六艺"，即礼乐射御书数，属于工具性的知识和能力，到了大学阶段其内容就属于人格建构了。如果说，小学只是"知其然"，大学则是"知其所以然"。所以，孔子在回顾自己一生的时候说过"吾十有五而志于学"，说的就是开始进入大学阶段，立志向学。

司马迁《史记·孔子世家》记载，孔子从小就喜习礼，所谓"孔子为儿嬉戏，常陈俎豆，设礼容"[26]。对"礼"的践履，构成人的道德自觉的条件。大家知道，20 世纪最典型的一位儒家就是梁漱溟。美国汉学家艾恺写过一本梁漱溟传记，题目就叫《最后的儒家》。艾恺在该书的序言中给出了这种称谓的理由："在近代中国，只有他一个人保持了儒者的传统和骨气。"[27]20世纪研究儒学的大师级人物并不罕见，但为什么单单说梁先生才是一位真正的儒家呢？因为梁漱溟主张"儒学即生活"。在他看来，儒学不是理论性的，而就是生活本身。所以，梁漱溟采取的姿态不是坐而论道，而是起而实行。他身体力行，到山东邹平搞乡村建设运动实验，真正地体现了儒家"知行合一"的诉求。这一取向才是儒家最为本真的诉求。也正因此，梁漱溟才有资格被称作"最后一个儒家"。

作为孔子学说的两个核心范畴，"仁"和"礼"是互为表里的关系。仁是内在的，礼是外在的。仁赋予礼以合法性，从而为其提供内在理由和根据；反过来说，礼则构成仁的自觉的发生学基础。所以，《周易·系辞下》曰："履，德之基也。"循礼践礼为道德的觉解提供了契机，由此激发人对仁的自觉。仁义道德属于实践的领域。《礼记·曲礼上》曰："道德仁义，非礼不成。"在古希腊哲学家亚里士多德的知识分类当中，道德就被纳入实践知识的范围。一直到康德，道德的形而上学问题被归结为"实践理性"的范畴。人的德性归根到底是"养成"的，而不是"学成"的。所以，道德一定是实践性的，道德情操只有在人的实际的生活中才能够被培养出来。仅仅通过理论性的学习，一个人是无法形成君子人格的。

《论语》共20篇，而其首篇一上来就说："学而时习之，不亦说乎！有朋自远方来，不亦乐乎！人不知而不愠，不亦君子乎！"（《论语·学而》）这里最要紧的是第一句话中的"学而时习之"。"学"和"习"是密切相关的，但又有所不同。如果说"学"更侧重于知识，那么"习"则更侧重于实践。这里的顺序是始于"学"而成于"习"。离开了"习"，单纯的"学"无以完成自身，是半途而废的。

其实，这两者是难以完全剥离开来的。以战争为例，恩格斯就曾说过：“人们只有在战争中才能学会战争。”[28] 毛泽东同样认为：“读书是学习，使用也是学习，而且是更重要的学习。从战争学习战争——这是我们的主要方法。”他还说：“常常不是先学好了再干，而是干起来再学习，干就是学习。”[29]

从高度重视实践来说，马克思主义同样也不例外。作为马克思主义的内核，马克思主义哲学的大厦赖以确立的奠基石是什么呢？它就是实践。我们都承认，马克思在人类认识史上实现了一场空前绝后的伟大变革。那么，这一变革的标志又是什么呢？就是实践的唯物主义的创立。马克思把自己的新哲学叫作“实践的唯物主义”，即那种“把感性理解为实践活动的唯物主义”[30]。1845 年春，马克思在布鲁塞尔写的《关于费尔巴哈的提纲》(简称《提纲》)，一共 11 条，篇幅虽短，但意义却十分重大。恩格斯把它称作“包含着新世界观的天才萌芽的第一个文件”[31]。马克思在《提纲》中说过一句人们耳熟能详的话：“哲学家们只是用不同的方式解释世界，问题在于改变世界。”[32] 作为《提纲》的最后一条，这句话带有总结的性质。它意味着在马克思创立的新哲学同以往的一切旧哲学之间划了一条界线，所有以前的哲学归根到底都不过是“解释世界”的，因为它们本质上是以理论的态度同世界打交道的，从而是保守的。马克思从根本上改变了旧哲学的取向，使哲学变成以“改变世界”为旨趣来同世界打交道，从而实现了哲学史上的革命性重建。马克思去世后，这句话译作英文镌刻在了他的墓碑上，作为墓志铭。因为它穷尽了马克思一生思考的主题。马克思所创立的新哲学，归根到底就是基于并为了“改变世界”的。按照马克思的说法，所谓“改变世界”也就是实际地反对和改变现存的一切。高度推崇实践，构成马克思主义哲学最核心、最突出的特点。因此，对于马克思主义哲学来说，实践又是何等重要，因为它直接关系到马克思主义哲学的本质特征。

从某种意义上说，马克思终其一生所扮演的角色就是"革命家"。1883 年，马克思在伦敦病逝，被葬在了伦敦的海格特公墓，恩格斯在葬仪上发表了一篇著名的讲话，其中对马克思的一生作了高度概括，指出"马克思首先是一个革命家"[33]。马克思为什么要扮演革命家的角色呢? 这不是因为马克思天生就喜欢革命，而是由他所秉持的哲学立场和信念内在地要求和决定的。革命家显然不是坐而论道的理论家，而是起而实行的实践家。马克思认为，实践的唯物主义者也就是共产主义者，它们是同义词。如果说实践的唯物主义者是哲学家的角色，那么共产主义者则是革命家的角色。在马克思那里，这两个角色是高度地集于一身的。因此，对于马克思主义及其哲学来说，实践获得了本质的地位和意义。

实践唯物主义的优势在于，它为我们提供了一种真正有效的批判方式。马克思所处的那个时代，就是一个批判的时代，大家都在那里"批判"。作为德国古典哲学第一个代表性的哲学家，康德的代表作就是三大"批判"，即《纯粹理性批判》《实践理性批判》《判断力批判》。德国浪漫派思想家弗里德里希·施勒格尔说过，"这样一个时代，一言以蔽之，号称批判的时代。"[34] 施勒格尔甚至怀疑在当时，"批判"已经被用滥了。他说："正因为现在哲学碰到什么就批判什么，所以对哲学的批判也许不外乎是一个正当的报复手段。"[35] 因此，马克思的真正贡献不是提出了批判，而是给出了一种真正有效的批判方式。马克思之前的"批判"主要有两种：一是思辨的批判或逻辑的批判，二是道德的批判。在马克思看来，它们都是苍白无力的，因而是无效的。思辨的批判倡导者主要以青年黑格尔派的思想家为代表，他们天真地认为只要在人的头脑中置换掉几个概念，现实就会为之改观。但正像马克思所说的，"物质力量只能用物质力量来摧毁"[36]，因为"思想根本不能实现什么东西。为了实现思想，就要有使用实践力量的人"[37]。在物质力量面前，这种思辨的批判无济于事。马克思之所以坚决同青年黑格尔派划清界限，一个重要原因就在于他看穿了这些思想家所持的批判方式的虚假性。他们虽然口头上把"革命"口号喊得震天响，实际上却是一批最大的保守派，因为他们不过是用一种新的解释来重新肯定现存的一切罢了。脱离实践的思想，是无法克服其保守性的。正如马克思批评的："思想从来也不能超出旧世界秩序的范围：在任何情况下它都只能超出旧世界秩序的思想范围。"[38]道德批判的主要代表人物是费尔巴哈和德国的"真正的社会主义者"，这种批判方式对现实也不满意，但只是满足于对现实的道德谴责和抨击。马克思和恩格斯把这种批判方式讽刺地叫作"爱的呓语"。

马克思则一反这些已有的批判方式，提出了第三种全新的批判方式，这就是实践的批判，亦即实际地反对和改变现存的一切，诉诸人们的感性活动去真正地变革现存事物。只有这种批判方式才是彻底和完备的，从而也才是有效的。因为它针对的不是结果而是原因，毋宁说它是一种釜底抽薪式的批判和解构。例如，马克思认为，要想批判宗教，甚至无须直接针对宗教本身去进行批判和否定，而是应该把派生宗教的社会根源给实际地革除掉，那么即使不去批判宗教，它也就自然而然地消亡了，因为"皮之不存，毛将焉附"。这种实践的批判，正是马克思所主张的实践唯物主义特有的批判方式。也只有这样的批判才能作为物质的力量，获得马克思所追求的那种"实践能力的明证"。由此可见，在推崇实践这个方面，马克思主义和儒家的确有其相当一致的地方。在此意义上，当两者相遇的时候，彼此不会有陌生感，也不会存在隔膜。

二

"天人合一"的理念

  儒家的"天人合一"同马克思学说中的自然与人的关系的思想内在贯通。儒家讲究"天人合一"。其实不只是儒家，儒道释在其最高境界上都是主张"天人合一"的。以儒家为代表的中国传统文化，其最本质的特点究竟何在呢？对此，梁启超说："中国古代思想，敬天畏天，其第一著也。……故人之于天也，敬而畏之，一切思想，皆以此为基焉。"[39]钱穆也认为："中国文化特质，可以'一天人，合内外'六字尽之。"[40]"天人合一"作何理解呢？中国古代典籍赋予"天"的含义很多，笔者认为"天人合一"在儒家语境中最重要的有两种含义：一种是天和人作为两个实体，它们之间要和谐和统一。天作为实体就是指自然界，人作为实体就是指人类本身，人类要同大自然保持和谐与统一，这是"天人合一"的第一层含义。另一层是境界意义上的"天人合一"，天和人是指两种不同的状态或境界。天是指自然而然的、非人为的状态，人是指非天然的、人为的状态。中国传统文化尤其是儒家特别强调最大限度地祛除人为性，以便回归自然而然的境界上去。《老子》说："人法地，地法天，天法道，道法自然。"（《老子·第二十五章》）《周易·文言》曰："夫大人者，与天地合其德，与日月合其明，与四时合其序，与鬼神合其吉凶。"这些都是讲的"天人合一"的意思。《庄子·秋水》曰："牛马四足，是谓天；落马首、穿牛鼻，是谓人。"一匹马长了四个蹄子，一头牛长了一只鼻子，这就是"天"。因为这是它本来如此的，不是人为地强加给它的。倘若搞一个笼子把马头套起来，找一条绳子把牛鼻子穿起来，那就是"人"了，因为这不是本来如此者，而是人为强加给它的。显然，中国文化没有逆天道而行的诉求和冲动。《易传》曰："天行健，君子以自强不息。"这种刚健进取的姿态，貌似带有征服的取向，实则不过是在更深刻的层面上顺应天道的结果。君子人格的这种自强不息的特点，其根据恰恰是来自"天道"的刚健之象。诚如《易传》所言，"天垂象"，"圣人则之"或"圣人效之"，抑或"圣人象之"。所谓"则之""效之"或"象之"等等，都不过是"顺应"之意。

在中国传统文化看来，凡是人为的都是糟糕的，因为它把事情的本真状态给遮蔽掉了，因此也就变得虚伪了。汉字的"伪"字，就是人为的意思，凡是人为的都是虚伪的。道家推崇的最高境界就是所谓"赤子之心""婴孩状态"。婴儿是最纯真的了，他吃饱了一定会安详的，饥饿了一定会啼哭的，这就是"天"的境界。成人就容易变得虚伪，因为他接受的繁文缛节把原先的本真状态给遮蔽掉了。所以，《庄子·田子方》就说："哀莫大于心死"。其意思就是最大的悲哀不超过"心"死掉了。这里所谓的"心"，当然不是指人的肉体的心脏，而是指本真的原初状态。"赤子之心"被遮蔽，是人的最大的悲哀。《孟子》也强调说："学问之道无他，求其放心而已矣。"（《孟子·告子上》）孟子所说的"放心"，就是指被放逐出去从而游离了本真状态的心。学问之道就在于把这颗放逐之心收回来，让其复归本然之性、固然之理、当然之则上来，也就是达到"天人合一"的境界。

那么，马克思意义上的"天人合一"又意味着什么呢？笔者认为，这主要表现为两个方面：一是马克思主义哲学肯定人的本质力量的对象化，或者说是自然界的人化，马克思把它称作"人类学的自然界"。它意味着人在自然界中打上自己的意志和意识的烙印，使其变成人的活动的产物，也就是人的创造物。一是马克思主义哲学还追求人本身的自然化，它意味着人必须摆脱其非自然的状态，使自己能够按照自身的内在必然性去生存，从而实现人的历史解放，也就是人的真正的自由。人的自然化是相对于人的不自然而言的。所谓人的不自然，就是说人受制于一个外在于他的、作为异己之规定的"他者"的支配和宰制，这也就是人的异化状态。所以，马克思终其一生的哲学使命，就是为了克服和扬弃人的异化状态，使人达到历史的解放和真正的自由。人一旦走向异化，就陷入奴役和不自由的状态，也就是被一个异己的他者外在地支配和决定。什么叫自由？所谓自由也就是由自，由自己，自己使自己成为自己，这就是自由。在这个意义上，自由就是自然。"然"原本是一个肯定词。自然相对于他然而言，他然意味着一个作为异己之规定的外在的他者支配自己，那就是人的异己化，也就是自由的丧失，陷入奴役状态。自然则意味着自己成其为自己，这也就是自由。

同样一个状态，它是不是自由的，关键在于下达指令的来源到底是内在的还是外在的。如果是内在的，那就是自由的，因为它是自己决定自己，也就是自然而然。如果是外在的，那就是奴役，就是不堪忍受的负担。这就是自由和奴役的区别。马克思认为，人在其存在的历史展现过程中必然要经历一个异化的阶段，处于这个阶段上的人，就陷入奴役状态之中，从而变得"不自然"了。因此，马克思把人类的历史解放作为自己整个学说的根本的出发点和归宿。

只有使人摆脱这种异己化的状态，历史地扬弃异化，从而复归人的自然而然的自我支配上来，才能实现人的自然化。马克思说："人以一种全面的方式，就是说，作为一个总体的人，占有自己的全面的本质。"[41] 按照马克思的说法，这也就是所谓的"人性的复归"。它意味着人的历史解放和自由的来临，即马克思意义上的理想社会的状态及其性质。

上述可见，马克思一生所孜孜以求的，一个是自然界的人化，另一个就是人的自然化。自然界的人化为人的自然化的实现奠定历史基础。因为人类改造自然，也就是把自己的本质力量通过感性活动在自己的产物中实现对象化，从而建构起"人类学的自然界"，其结果就是人的劳动产物。作为物质财富的积累，它为人的历史解放提供前提。马克思在《〈黑格尔法哲学批判〉导言》中就说过，"革命需要被动因素，需要物质基础"[42]。这正是唯物史观的体现和内在要求。人的历史解放不是想象出来的，不是任意地实现的，它必须基于客观的物质条件。所以，马克思和恩格斯在《德意志意识形态》中指出："'解放'是一种历史活动，不是思想活动，'解放'是由历史的关系，是由工业状况、商业状况、农业状况、交往状况促成的。"[43] 正因为如此，"建立共产主义实质上具有经济的性质，这就是为这种联合创造各种物质条件，把现存的条件变成联合的条件"[44]。共产主义赖以实现的物质条件是靠什么造成的呢？它归根到底是由自然界的人化来提供的。所以，自然界的人化的归宿和目的，就在于实现人的自然化。离开了这一物质基础作为历史前提，就只能倒退到马克思所批评的那种"粗陋的共产主义"。在《1844 年经济学哲学手稿》中，马克思说过，"作为完成了的自然主义＝人道主义，而作为完成了的人道主义 = 自然主义"[45]。如果说"完成了的自然主义"就是"天"，那么"完成了的人道主义"就是"人"，而这两者在马克思那里所达到的完全统一，正是马克思意义上的"天人合一"。

三

相似的社会愿景

儒家的"大同社会"愿景同马克思的"共产主义"理想之间，同样存在会通的可能性。《礼记·礼运》中有一段很有名的话："大道之行也，天下为公，选贤与能，讲信修睦。故人不独亲其亲，不独子其子，使老有所终，壮有所用，幼有所长，矜寡孤独废疾者皆有所养。男有分，女有归。货恶其弃于地也，不必藏于己；力恶其不出于身也，不必为己。是故谋闭而不兴，盗窃乱贼而不作，故外户而不闭，是谓大同。"应该说，这段话很好地刻画了儒家心目中的社会愿景，它也是中华民族自古以来所追求的理想中的社会状态。笔者认为，社会学家费孝通所说的"各美其美，美人之美，美美与共，天下大同"，可以比较好地诠释儒家所主张的这种社会理想的深刻内涵。

那么，马克思意义上的"共产主义"又意味着什么呢？马克思对于共产主义有不同的称谓，《德意志意识形态》所说的"真实的共同体"，《共产党宣言》所说的"自由人的联合体"，《资本论》第三卷所说的"自由王国"，指的都是"共产主义"，它意味着人的历史解放的来临、人的自由的彻底实现。早在《1844 年经济学哲学手稿》中，马克思就提出，共产主义意味着人的个体和类之间矛盾的彻底解决。在他看来，人之所以陷入不自由，即奴役或异化状态，就是因为人的个体和类之间互为外在化，从而陷入彼此的对立，这表征为特殊利益和普遍利益之间的矛盾。作为外在于个体的人的特殊利益的规定，普遍利益是一个异己的他者来支配和决定个体的人，由此造成了人的异己化，使人陷入奴役状态，这也就是人的自由的丧失。作为这一矛盾的历史地克服和扬弃，共产主义的实现就意味着特殊利益只有以普遍利益为中介才能达到自我肯定；反过来也一样，普遍利益也只有通过特殊利益才能达到自我肯定。如此一来，它们就克服了彼此互为外在的关系，从而变成一种内在的互为中介、互为条件的关系。所以，在共产主义条件下，人的个体自由必须以共同体的自由为绝对前提；反之，共同体的自由也必须以人的个体自由为绝对前提，它们是相互肯定、相互成就的关系。不然的话，人的自由就只能是一句空话。

一方面，马克思说："每个人的自由发展是一切人的自由发展的条件"[46]；另一方面，马克思又说："只有在共同体中，个人才能获得全面发展其才能的手段，也就是说，只有在共同体中才可能有个人自由。"或者说，"在真正的共同体的条件下，各个人在自己的联合中并通过这种联合获得自己的自由"。[47] 这充分表明，人的个体与类的矛盾的彻底解决，就是两者的双重解放。它们互为条件、互为中介，其关系不再具有外在的、异己的性质。如此一来，一个人的自我实现不再以牺牲和否定他人的自我实现为条件，而是以肯定他人的自我实现为条件，反之亦然。这也就是说在人与人之间、人的个体与类之间，不再是相互否定的关系，而是变成了相互肯定的关系。这不正是儒家所孜孜以求的那个"大同理想"吗？由此也就不难理解，马克思主义传入中国后，为什么中国人对它没有一种陌生感。当时进入中国的西方思潮有几十种，马克思主义之所以能够最后胜出，其中的原因何在呢？我们对于马克思主义之所以格外具有认同感，在社会愿景和社会理想层面上的一致性，无疑是一个很重要的原因。

在西方文化语境中，"社会主义"观念是作为"个人主义"的反题而现身的。在西方历史上，个人主义有着十分悠久而深远的传统，以至于可以远溯到古希腊时代。希腊城邦的公民就强调个人利益的独立性。正如英国学者赫德逊所指出的，"希腊的城邦产生出一种个人主义的法理学作为其自己的思想意识"[48]。如果说这是西方个人主义的古典来源，那么近代英格兰的商业传统，则塑造了自由主义意义上的个人主义意识形态。英国学者麦克法兰认为："英格兰的社会结构有一个很关键的基本表征，那就是长期以来一直强调，与团体和国家相比较，个人享有更大的权利和特权。"而这种"个人主义反映在个人私有财产权的概念上、个人的政治与法律的自由上、个人应与上帝的直接交流的观点上"。[49] 私有财产权无疑是其中的一个基础性的因素。从历史上看，英国的商业传统孕育了产权—法权—人权的发生学谱系。麦克法兰甚至把这个意义上的个人主义称作"占有性个人主义"（possessive individualism），它不过是"个人主义在私有财产权等个人权利中的表现"，在英格兰已经出现了数百年之久。[50] 马克思主义历史学家霍布斯鲍姆说："作为'社会主义'的反义词，个人主义本身意味着一种特殊的、竞争的、无限制的市场竞争模式：自由—资本主义经济模式。"[51] 由此可以理解，赫德逊为什么说在欧洲历史上，有一种强调对贸易进行政府干预的动机，其"目的是为了所谓的公众利益而限制贸易利润，它的极端的表现形式就是社会主义"[52]。个人主义强调个体的人的优先性，主张个人至上。但它解决不了一个问题，就是无法考量系统的非加和性效应，亦即"1+1 ＞ 2"，而不是"1+1=2"。这意味着系统的整体性质无法被还原和归结为构成该系统的诸要素性质的代数和，而是超出了这个代数和的。系统的总体性质不具有可还原性和可归结性。即使每一个人的利益都得到了肯定，也并不必然意味着整体的利益同时得到了肯定。这种非加和性效应充分凸显了个人主义的局限和困境。而在中国文化中，有着久远而深厚的集体主义传统。马克思主义作为科学社会主义传入中国，更容易为中国人所理解和接受，不能不承认这在很大程度上得益于这种传统的深层影响。

马克思和恩格斯在《德意志意识形态》中说："共产主义者既不拿利己主义来反对自我牺牲，也不拿自我牺牲来反对利己主义"；因为共产主义者的历史使命，仅仅"在于揭示这个对立（即自我牺牲与利己主义的对立——引者注）的物质根源，随着物质根源的消失，这种对立自然而然也就消灭"。共产主义者清楚地知道，"无论利己主义还是自我牺牲，都是一定条件下个人自我实现的一种必要形式"[53]。使自我牺牲和利己主义得以成立的历史条件，一旦被共产主义革命所克服，那么它们以及它们之间的彼此对立也就随之丧失意义。因此，在共产主义社会，"个人关于个人间的相互关系的意识……它既不会是'爱的原则'或 dévouement（自我牺牲精神），也不会是利己主义"[54]。这意味着，共产主义的境界，就是那种超越了狭隘的善恶对立之后所达到的绝对的善，即至善。在共产主义条件下，每个社会成员的需要都能够得到充分满足，所以助人为乐也已经过时，自私的观念同样也变得多余。既然每个人的需要都能够随时随地得到满足，那么还有必要占有什么呢？此正所谓"货恶其弃于地也，不必藏于己"。这不免让人想起《庄子》上的话："泉涸，鱼相与处于陆，相呴以湿，相濡以沫，不如相忘于江湖。"（《庄子·大宗师》）从某种意义上说，共产主义也就是《庄子》所谓的"相忘于江湖"的境界。

马克思在《1844 年经济学哲学手稿》中指出，共产主义就意味着"人和自然界之间、人和人之间的矛盾的真正解决"[55]。恩格斯在《政治经济学批判大纲》中，同样期待"人类同自然的和解以及人类本身的和解"；他认为这种双重"和解"，是当时的那个世纪"面临的大变革"。[56] 虽然这个变革在 19 世纪没有实现，在 20 世纪也未能完成，但恩格斯所期待的这个目标本身无疑是正当的，因为它意味着人类的真正解放。以"和合"为基本诉求和特征的儒家文化，在对待人与自然和人与人的关系问题上，同样试图克服内在敌对性的紧张，追求和谐和双赢。正如《中庸》所说的："中也者，天下之大本也；和也者，天下之达道也。致中和，天地位焉，万物育焉。"显然，"天下"的概念不仅涉及人与人的关系维度，还涵括人与自然的关系及其和谐。所谓的"致中和"正是"大道之行"所开显的境界。

强烈的拯救情结

　　马克思终其一生都有着自觉而强烈的拯救情结和担当意识。他在中学作文《青年在选择职业时的考虑》中提出："在选择职业时，我们应该遵循的主要指针是人类的幸福和我们自身的完美。"[57] 青年马克思认为，使人类幸福同自身达到完美，并不相矛盾，而是统一的。因为使人类幸福恰恰构成人的自身完美的条件。这体现出马克思的拯救情结和以天下为己任的情怀。他写道："如果我们选择了最能为人类福利而劳动的职业，那么，重担就不能把我们压倒，因为这是为大家而献身；那时我们所感到的就不是可怜的、有限的、自私的乐趣，我们的幸福将属于千百万人，我们的事业将默默地、但是永恒发挥作用地存在下去，而面对我们的骨灰，高尚的人们将洒下热泪。"[58] 马克思在博士论文中写道："普罗米修斯是哲学日历中最高尚的圣者和殉道者。"[59] 他立志做一位当代的"普罗米修斯"。据拉法格回忆，马克思说过："科学绝不是一种自私自利的享乐。有幸能够致力于科学研究的人，首先应该拿自己的学识为人类服务。"而他最喜欢的格言之一就是"为人类工作"[60]。由此不难窥见马克思科学研究活动的人间情怀。在马克思看来，科学本身并不是目的，而仅仅是为人类服务的手段罢了。

　　马克思说："作家当然必须挣钱才能生活、写作，但是他决不应该为了挣钱而生活、写作。"[61]因为在马克思看来,"作家绝不把自己的作品看做手段。作品就是目的本身;无论对作家或其他人来说,作品根本不是手段,所以在必要时作家可以为了作品的生存而牺牲自己个人的生存"[62]。马克思在给友人的一封信中写道:"我必须不惜任何代价走向自己的目标,不允许资产阶级社会把我变成制造金钱的机器。"[63]

马克思曾自况:"我一直在坟墓的边缘徘徊。因此,我不得不利用我还能工作的每时每刻来完成我的著作,为了它,我已经牺牲了我的健康、幸福和家庭。"[64]马克思在其一生中,很多时候是贫病交加的,但他并没有因为常人难以承受的苦难而终止自己的奉献和牺牲。可以说,马克思终其一生,以其巨大的牺牲精神,兑现和履行了他在青年时期所做的"为人类工作"的承诺。他在经济上窘迫到了什么程度?马克思甚至连把《资本论》手稿寄给出版商的邮费都支付不起。有一次,他在写给恩格斯的一封信中,以诙谐和调侃的语调写道:"未必有人会在这样缺货币的情况下来写关于'货币'的文章!写这个问题的大多数作者都同自己研究的对象有最好的关系。"[65]

现代新儒家梁漱溟一生都拒绝"学问家"的称谓,而是把自己定位于"问题中人"。梁漱溟在《自述》(1934年)中反思道:"我实在不是学问中人,我可算是'问题中人'。"[66]"学问家"多指仅盯着学术本身却"不知今夕何年"的"冬烘",而"问题中人"却是从自己的"此在"出发关切当下紧迫时代课题的觉悟者。这正是儒家真精神的体现和落实,是儒家的志向之所在。舍此,都不过是陋儒、俗儒、伪儒而已。梁漱溟在《中国文化要义》"自序"中坦言:"我不是'为学问而学问'的。我是感受中国问题之刺激,切志中国问题之解决,从而根追到其历史,其文化,不能不用番心,寻个明白。"[67]他说:

"我不是学问家"，而且也不在乎人们是否把他视作"学问家"。梁漱溟认为自己"是一个思想家，同时又是一社会改造运动者"[68]。那么，究竟是什么样的"问题"攫取了梁漱溟的目光？梁漱溟坦言："我生而为中国人，恰逢到近数十年中国问题极端严重之秋，其为中国问题所困恼自是当然。"[69]"以中国问题几十年来之急切不得解决，使我不得不有所行动，并耽玩于政治、经济、历史、社会文化诸学。……卒之，对中国问题我有了我的见解思想，更有了今日我的主张和行动。"[70]可见，梁漱溟坚决摒弃那种为学问而学问的态度，而是从切己的问题出发。他不在乎自己是否被看成"哲学家"，也并不介意自己的所思所想算不算"学问"，而唯一关注并付诸一生的则是"认识老中国，建设新中国"这个时代主题。这非常类似于另一位现代新儒家钱穆所遭遇的问题及其历史情境。钱穆在其回忆录中承认："东西文化孰得孰失，孰优孰劣，此一问题围困住近一百年来之全中国人，余之一生亦被困在此一问题内。……从此七十四年来，脑中所疑，心中所计，全属此一问题。余之用心，亦全在此一问题上。"[71]

其实，马克思在哲学上同样也是由问题导入，立志做"问题中人"的。他所从事的工作绝非无关痛痒的书斋里的思辨游戏，而是切己的关乎生命和生活本身的重大现实问题逼迫的结果。在此意义上，马克思无异于西方思想史上的一大反传统者，因为他把历史上的一切旧哲学视作"解释世界"的，而他所创制的特立独行的新哲学才是"改变世界"的。这颇类似于先锋派绘画对于西方 2000 年来的写实主义传统的背叛，也正因此才同中国的绘画更具有亲和性一样。1842 年，青年马克思在《莱茵报》公开发表的一篇文章中指出："一个时代所提出的问题，和任何在内容上是正当的因而也是合理的问题，有着共同的命运：主要的困难不是答案，而是问题。"[72]那么，"问题"又是什么呢? 在马克思看来，"问题就是公开的、无畏的、左右一切个人的时代声音。问题就是时代的口号，是它表现自己精神状态的最实际的呼声"[73]。青年马克思又说："任何真正的哲学都是自己时代精神的精华"[74]。"哲学家……是自己的时代、自己的人民的产物，人民最精致、最珍贵和看不见的精髓都集中在哲学思想里。"[75] "时代精神"无疑都浓缩在"问题"当中。哲学以其反思的状态把握自己时代的时代精神，就必须直面"问题"，因为时代精神本身必然内在地固有其特定的问题。响应"问题"的召唤，也就是对时代挑战的回应。"问题"究竟是什么呢? 它归根到底是实践提出来的，是已有的理论不足以解释新出现的事实的表现，是实践对理论的质询，因而是实践逼迫的结果。

孔子曰："人能弘道，非道弘人。"(《论语·卫灵公》)这种"弘道"的思想，鲜明地体现着孔子的拯救情结和担当意识。孔子把对道的觉解看得比自己的生命更重要，以至于说："朝闻道，夕死可矣! "(《论语·里仁》)孔子的弟子曾参曰："士不可以不弘毅，任重而道远。仁以为己任，不亦重乎? 死而后已，不亦远乎? "(《论语·泰伯》)在曾子看来，"士"所肩负的使天下以仁为旨归的责任和志愿，不可谓不重大不高远。据《孟子》记载，曾参曰："自反而缩，虽千万人，吾往矣。"(《孟子·公孙丑上》)这种孤往精神，体现着出于道义而一往无前的大无畏勇气。孟子曰："天将降大任于斯人也"(《孟子·告子下》)。所谓"大任"，当然是指那种以天下为己任的使命。范仲淹"先天下之忧而忧，后天下之乐而乐"，朱熹曾赞扬他："且如一个范文正公，自做秀才时便以天下为己任，无一事不理会过。一旦仁宗大用之，便做出许多事业。"[76] 宋儒张载的抱负和志向又是何其宏大而高远，正是他提出了"为天地立心，为生民立命，为往圣继绝学，为万世开太平"[77] 的宏愿。这其实也是儒家自创始以来的一贯传统。明清之际的思想家顾炎武所谓的"天下兴亡，匹夫有责"，正是对这一传统的继承和光大。他说："保天下者，匹夫之贱与有责焉耳矣。"[78] 青年毛泽东在诗作中提出："问苍茫大地，谁主沉浮？"[79] 这鲜明地体现了毛泽东强烈的拯救情结。可以说，这既是毛泽东继承儒家优秀传统的一个重要表现，也是他之所以选择马克思主义的一个重要原因。

大道
相
融
虫

周展安　复旦大学马克思主义研究院副教授

第三章

革命与传统之间：
大道相融的
历史辩证法

本章试图以下沉的视角，从历史深层的、内在的脉动这一维度来探讨马克思主义与中华优秀传统文化"大道相融"的逻辑。大道相融不只是理念的相通相融，更是历史的相通相融。理念的相通相融最终也需要在历史的脉动中来获得说明。而从历史的角度来着眼，则"马克思主义"与"中华优秀传统文化"这两个带有理论导向的提法也需要再经历一个"历史化"的环节，即回到中国历史当中来寻找其历史对应物。马克思主义随十月革命的爆发而进入中国，它首先是在中国革命这个历史过程中扎根的，反过来说，中国革命就是作为理念的马克思主义的主要历史对应物。中华优秀传统文化是对纷繁丰厚的中国传统文化代表性成就的概括，但这些代表性文化成就都是有其根、有其脉的，这个根、这个脉，就是作为整体的中国历史传统。因此，所谓马克思主义与中华优秀传统文化的"大道相融"问题，从历史的角度来看，也就是更具整体视野地对 20 世纪中国革命与此前中国历史传统之内在贯通脉动的探讨。

从理念的角度还是从历史的角度来探讨"大道相融"，这中间的差异可以从研究方法的维度做进一步说明。从理念的角度来探讨"大道相融"，这里面包含的方法可以概括为"要素提取法"，即是说从中国历史传统或者中国革命中提取某些既定的历史要素或者概念言辞，也就是通常所说的从某一段历史中打捞所谓"好东西"的思路，也可以说从历史中寻找现成答案的思路；从历史的角度来探讨"大道相融"，则可以概括为"问答架构法"，即不是将中国传统与中国革命这两段历史静态化，然后提取相关要素平面化进行衔接，而是倾向于将每一段历史都视为动态的，而且是有深度的立体架构，这个立体架构的表现就是每个时代都有其现实难题，同时也都有其对此难题的回答。难题居于下方，回答则居于上面，难题隐在历史的深处，回答则浮在历史的地表。相对于要素提取法来说，这里对历史的理解不只是从答案的角度来把握历史，更是从问题的角度来把握历史。历史在此就被视为一个不断提出问题，然后又不断回答问题的动态连续过程。有些问题是偶然性的，比如建都的问题、灾害的问题，可以在问题所处的同时代得到回答，有些问题则是基础性的，比如土地的问题、税收的问题、人口的问题等等，需要用几十年乃至几百年的时间来回答，或者最终回答不了，而只能酿成战争。

研究历史需要以全部历史为最终视野，不能厚此薄彼。我们通常从理念的角度所获得的对历史的认识，毋宁说都是作为那个问答架构的"答案"而存在的东西。我们更应该重视的，是这些答案所对应的问题。从"问题"的角度来研究历史，则任何一段历史，哪怕是原先被认为不起眼的历史，也会瞬间活起来。不同阶段的历史对于研究者的我们来说是平等的。它们共同组成了中国历史的"时势"，这个"时势"是理、事、时、势等多重因素交叠、激荡的产物，也是上述"问题"与"答案"相互引发、激荡的产物。王夫之对此有特别深刻的论述。只有以这种综合的时势的眼光，也就是对于每一段历史都平等待之的眼光来把握历史，才能真正建立"历史自信"，并且也自然地将20世纪中国革命这一历史与此前作为传统的中国历史关联在一起。

循着上述思想方法，本章尝试特别选择以明末以至五四时期的历史时势为主要分析对象，主要梳理这大约300年的时间里面代表性的思想人物在回应同时代现实难题的过程中所形成的思想理路，在这通常被认为存在对立乃至断裂的明清历史与20世纪中国历史之间发掘出其深层所存在的连续性。 在这种连续性中，我们对于马克思主义与中华优秀传统文化相结合这一论题可以获得一个更加内在，也更加自然妥帖的认识。

大道相融的历史辩证法

　　研究马克思主义与中华优秀传统文化的大道相融，发掘连续性，不能机械地来讲，不能忽视连续性内部的断裂性，也不能无视既有的关于中国革命与中国历史传统的对立性认识。关于中国革命和中国历史、中国传统的关系，通常的解释进路，就是注目于这二者之间的对立。从这里出发，就会认为中国革命是基于中国历史出了很大的问题、中国传统是腐朽败坏了，从而发生的。这当然也是有充分的历史依据的。我们必须正视这种对立，不能坠入非此即彼的思路。不能因为今天在倡导马克思主义与中华优秀传统文化的结合，就无视历史上曾有过的对于传统文化的批判，以及这些批判中所包含的清醒的历史认识。

　　对中国历史传统的否定，不是从新文化运动的时候才开始的，而是其来有自。这个"自"的最近的场合，就是晚清。比如，当时在温州有一个叫作宋恕的人，就特别值得提起。他是晚清一个很重要的思想家，尽管声名不显，但和他差不多同时代的章太炎、蔡元培等人对他都有很高的评价。他写了一本叫作《六斋卑议》的书，其中就说中国历史只有"周前明后"是好的，其他都是很坏的，周前就是周朝以前，明后就是明朝以后。也就是说，中国历史的主干部分，从秦以来的历史，一直到明都是不好的。他因为家庭变故，对于人生的艰苦有特别深的体会，提出"代世界苦人立言"，对传统社会中普通人的生活遭际有多方面的阐发，其间所蕴含的对于传统社会的批判性是自不待言的。湖南有一个更有名的人，就是谭嗣同，他写了一本书，叫作《仁学》，其中把中国的制度概括为秦政，把中国的学问概括为荀学，对之痛骂，说："两千年之政，秦政也，皆大盗也；两千年之学，荀学也，皆乡愿也。唯大盗利用乡愿，唯乡愿工媚于大盗。"这些话都是广为人知的。宋恕、谭嗣同的这些思想在晚清的历史场合中，不是孤立的。后世多被视为保守的康有为也曾是一个对中国历史激烈批判的人。他在"戊戌变法"期间出版的《新学伪经考》开篇就说："始作伪，乱圣制者，自刘歆；布行伪经，篡孔统者，成于郑玄。阅二千年岁月日时之绵暧，聚百千万亿衿缨之问学，统二十朝王者礼乐制度之崇严，咸奉伪经为圣法。"这几句话表面上是在批评汉代的经学家刘歆和郑玄，说他们所勘定的经书都是伪造的，但内里隐含的意思就是后世奉行这些伪经的王朝历史都是颠乱是非的历史，正所谓"六经颠倒，乱于非种，圣制埋瘗，沦于雾雾，天地反常，日月变色"[80]。谭嗣同之所以形成上面的激烈言辞，也有其私淑戊戌时期康有为的原因。

到了五四时期，批判传统更蔚为潮流。后来的研究者常常在"五四新文化"与"反传统"之间画等号。这种历史认识，当然是有历史凭据的。当时有个四川人，叫作吴虞，他基于自己的家庭经验，提出"礼教吃人"的命题，在整个五四时期，可以说成为一种标志性的口号。而我们都熟悉的鲁迅，也在《狂人日记》中说了脍炙人口的名言："我翻开历史一查，这历史没有年代，歪歪斜斜的每页上都写着'仁义道德'几个字。我横竖睡不着，仔细看了半夜，从字缝里看出字来，满本都写着两个字，是'吃人'！"从这里开始，反礼教、"打倒孔家店"等提法就变得流行起来。而中国革命、中国传统的面目也被这些提法所笼罩。中国历史上既有的制度、学说、思想、伦理等有没有黑暗的东西？当然有，而且很多。这一点，就是倾向儒学的人也有相近的认识。比如，思想家熊十力在《乾坤衍》等著作中就曾批评秦汉以后的中国历史乃是"一团漆黑"。

但是，"一团漆黑"并不是问题的全部，中国的历史、中国的传统是极为复杂的。对此既要有整体性的把握，又不能视为铁板一块不容分析。我们不能采取本质主义的态度，不能抓住某些表面上的言辞和概念就以为是历史的全部。在中国革命的历史进程中，的确有过激烈的对于旧有历史传统的批判。鲁迅、毛泽东等都是其中常被提及的代表性人物。但鲁迅同样也说过，要"外之既不后于世界之思潮，内之仍弗失固有之血脉，取今复古，别立新宗"[81]。毛泽东也说过："从孔夫子到孙中山，我们应当给以总结，承继这一份珍贵的遗产。"[82] 这些论断都提示我们不能简单将中国历史传统与中国革命对立起来，弘扬革命文化与传承中华优秀传统文化不仅不是矛盾的，而且恰恰需要相互结合，在结合中来探讨中国特色社会主义文化的发展逻辑。

历史是有着多条脉络、多重维度的，在传统的内部就有着反传统的要素。而且，这个传统也是变化的，此一时期看上去是败坏的传统，在彼一时期则可能是健康的，是积极的。就说礼教吧，一方面，中国历史上有用礼教来压制人的事情，但也有依据礼教来扶助人的事情；另一方面，礼教有引起僵化、凝固而使人感觉压抑的时候，也有因为礼教而使人可以过一种充实的伦理生活的时候。说到底，礼教的活力之有无的问题，还是一个和同时代的经济形态相关的问题，旧的、自然经济形态在近代资本主义经济发展的态势中被摧毁，加剧了礼教的败坏。总之，谈论中国的历史、谈论中国的传统需要采取分析的、分疏的、动态的视野，不能整体的、一股脑儿地谈，也不能静态地来谈。对于鲁迅、熊十力等思想家的批判也需要在"名"与"实"的辩证关系中来具体分析。

再比如说"秦政"，宋恕、谭嗣同等都是极力批判的。但在章太炎那里呢，秦政、秦制则是一个特别正面、特别值得总结的典章制度。他认为正是从秦制开始，中国社会获得了一种"夷平之美"，就是中国社会获得了一定程度的平等，而不再是由贵族出身、血缘等所决定的等级严苛的状况了。不仅如此，他还总结了中国历史上的土地制度，对均田制所体现的土地均分倾向加以肯定，总结了中古时期、南朝时期的法律制度，认为那个时期前前后后的法律制度有"重生命""恤无告""平吏民""抑富人"等特点。1906 年出狱之后，章太炎就到日本去了，去和孙中山会合。他对当时在日本的中国留学生演讲时，说过这样一句话："中国一切典章制度，总是近于社会主义，就是极不好的事，也还近于社会主义。"[83] 章太炎这样说，自然不是说中国的一切典章制度都是完美无缺的，而是要引起大家的注意，去注意中国的典章制度中的主要倾向，从这里引发对中国历史加以研究的兴趣。除了章太炎列举的这些，关于中国的制度、思想和伦理等，值得从正面总结的还有很多。比如，家产均分制而非长子继承制，科举制而非世袭制，宗族结社所体现的当然是有限度的共有制，万物一体之仁的思想，均分的思想，公的思想和推己及人的思想，等等。

不过，我们在这里不想多谈这些内容，因为这些还是比较静态化、比较经验化的。或者说无论批判还是辩护，都还是接近上文提及的"要素提取法"那种把握历史的方式。我们这里特别想从一个动态的"问答架构法"出发，从历史大势的角度，来认识 20 世纪中国和历史传统的关系，认识中国革命、中国社会主义和中国传统的关系。这需要一种经史互通、源流互质的自觉。而一旦我们能把握住这个立体的"问答结构"而非浮在表面上的单纯理念，那么以往在理念或者观念层面所存在的张力就可能得到疏解，我们就无论对于中国历史传统还是中国革命都会有更具同情性的理解。这种从"历史"出发对于"理念"之张力的包容与疏解，也可以概括为"历史辩证法"。中国历史是千头万绪的，我们这里选择围绕思想史这条线索来认识；中国历史又是漫长的，我们着重就明末以来的历史和思想状况来展开。

概括地说，我们认为尤其是从明末以来，中国历史，至少是从思想史这个脉络上所看到的中国历史具有一种可以称之为"向下超越"的态势。这里需要略微补充说明的是，明末至今有大约 400 年的历史，要以一篇文章的容量来讨论这么长的历史，只能是尽力提供一种框架性的认识。另外，相比于中国历史的全幅来说，400 年又是过于局部的历史，这里不免引起质疑：即便近 400 年历史有可以概括为"向下超越"的态势，那么此前的历史有这样的态势吗？对此，我们在意识到论述限度的前提下，还是倾向于回答：是。就思想史的变迁来说，中国思想在整体上有一种愈来愈下沉，愈来愈趋于现实、趋于人的态势。当然这一过程不必然是光滑的、线性的，而是有曲折和起伏，但其大势如此。而明末以来的思想发展则更为充分展现了这一点。

　　所谓"向下超越"，是指眼光向下、向内、向着自身以克服危机、开辟新的生路的尝试，以看似矛盾的向下向内的方式来探索超越的契机。谈到超越，一般都是从现实这里向外、向上超越，把现实视为问题，然后从现实的外面去寻找问题的答案。这是一般对于"超越"的理解。但在这里，我们要反其道而行之，就是不离开现实，反而瞄准了现实，专注于现实，从作为问题的现实那里去寻找答案。这一点，在我们看来正是中国革命本身一个最大的特点。对于20世纪中国而言，"向下超越"就是对于中国自身情况，对于中国的内地、中国的农民、中国的"落后性"等的主体性理解。这是一种将问题逆转为答案的思考和实践方式。将问题逆转为答案，在形式逻辑上是自我矛盾的，但在历史逻辑中，这是真实发生的。20世纪中国共产革命就是要无中生有，在不可能的状况中创造出可能。唯物论即是指涉这种向着现实不断下沉的姿态，辩证法即是指涉将这接近于"无"的贫瘠的现实转化为"有"。唯物论、辩证法之所以成为共产革命的哲学主调，原因就在于此。

　　对于传统的中国士大夫来说，"向下超越"就是把目光从六经、从纸面、从圣人、从单纯经传注疏那里逐渐挪开，向下注视到中国的历史、中国的现实、中国的弱者卑者贱者庸者，对于中国的平民乃至贫民层的关注，也就是对于自身所在的士大夫阶层以下群体的关注。并且，这不是一个俯瞰的、纯然出于同情的目光，而是一种试图内在于这样的历史、这样的现实、这样的贫民之中，去理解中国到底出了什么问题、如何检讨这些问题、如何解决这些问题的努力。

明末清初思想的"下沉"趋势

注目于明末以来的思想态势，我们遇到的第一个历史场景是明末清初。在此场景中，相比于此前宋明理学的发展，此时的思想史状况鲜明地呈现一种"下沉"的趋势。研究20世纪中国革命与中国历史的关系，更进一步说，研究马克思主义与中华优秀传统文化的关系，需要抓住这种趋势，更内在地来理解"大道相融"之所以可能的历史条件。

明末以来思想界的问题意识主要围绕明朝何以灭亡这一事实而产生，而在思考的形式上则主要是以反思明代王阳明的学说来具体表现的。阳明学说在中国思想史上的重要性众所周知，概括来说，阳明学说的意义不仅指王阳明对"良知"之学的精深发挥，而尤其见于王阳明将"闻性与天道"和"希圣希贤"的可能性赋予士大夫群体之外的"愚夫愚妇"，从而指示了"满街尧舜"的图景。如黄宗羲所说："自姚江指点出'良知人人现在，一反观而自得'，便人人有个作圣之路。故无姚江，则古来之学脉绝矣。"[84] 清代的思想家焦循也说："紫阳之学，所以教天下之君子；阳明之学，所以教天下之小人。"[85] 小人，即是普通人，阳明学是注目于普通人的学问。而阳明学之所以能够构筑一套通达普通人的学问，从而推动宋明理学进入一个新境地，在于他以"成色"而非"分两"来论"圣人"："盖所以为精金者，在足色而不在分两；所以为圣者，在纯乎天理而不在才力也。故虽凡人而肯为学，使此心纯乎天理，则亦可为圣人；犹一两之金比之万镒，分两虽悬绝，而其到足色处可以无愧。故曰'人皆可以为尧舜'者以此。"[86] 以才力而论，人人或有差等，但以成色而论，则人人无有不同。成色是"纯乎天理"即不断锤炼以趋近天理的结果，如果这"天理"是外在的，则不免又因趋近"天理"的才力不同而产生差异，但王阳明说"心即理"，天理不在人之外，而是人人自心所具，所谓"此心无私欲之蔽，即是天理，不须外面添一分"。一则立足"成色"而为人人趋向"天理"提供普遍可能，二则以"心即理"将"天理"拉回个人所具之心，有此两层突破，从而可以"各人尽着自己力量精神，只在此心纯天理上用功，即人人自有，个个圆成，便能大以成大，小以成小，不假外慕，无不具足"[87]。这种思路影响中国思想与中国社会极深，在 20 世纪中国革命中也能找到其流脉。但这里我们不去展开，而是聚焦明末的这个具体的历史场景，来观察阳明学的命运。概括来说，在这个场合中，阳明学更多是被作为反思的对象来把握的。阳明学有空前的意义，这一点，在作为阳明后学的泰州学派那里也能够发现。但是，同样无法忽视的是，阳明学包括泰州学派的讲学并没有真正挽救明代后期庶民社会到来导致的秩序崩解。不仅如此，阳明学本身也逐渐成为危机的一部分。这一点，随着明朝的灭亡而更加被确认了。因为明朝的灭亡，阳明的学说尤其是阳明后学的学说被认为是对于思考和解决现实政治、军事、经济和社会等问题都是浮泛、迂阔而无效的。明末清初，河北有一个大思想家叫作颜元，他就讽刺这些儒者是"无事袖手谈心性，临危一死报君王"，是一些迂阔无用的人。这样呢，就逐渐出现了一个思想上的转折，概括地说，就是一个从谈心性问题，谈希圣希贤、成圣成贤问题，谈激昂向上的脉络转到了谈欲望问题（这个欲望是生存欲）、谈社会现实问题、谈一般平民所面临之具体难题的脉络。史学家钱穆有个学说，大意是说宋明儒所唱，是人生的高调；而清儒，就是清代的学问家、思想家，所唱的乃是人生的低调。我想这个话是立得住的。

这种唱出人生之低调、注重现实问题的倾向，首先见于清初的陈确、顾炎武、傅山、王夫之，以及我们刚提到的颜元等人的思考。这些大学问家、大思想家真正的新颖性在于他们对于"现实"更加重视，更加清晰地采取眼光向下的态度来趋近"现实"，并尝试立足乃至内在于"现实"来展开思考。相比于之前的宋明儒者的以"天理""义理"来俯瞰、审视现实，清初诸儒开辟了把握"现实"的新天地。他们反思的起点、进路、程度等各有不同，但在向着"现实"下沉、趋近这一点上是一致的。

这主要体现在如下几个方面：

首先，是对"现实"之本体地位的哲学奠基。比如说陈确，他是浙江海宁人，是黄宗羲的同学，他们都是刘宗周的学生。在陈确，这意味着在工夫、实践中来摸索"本体"，他曾经说："人生而静之体，弟之愚诚不足以知之，亦不欲知之矣"[88]，就是说把"静"作为人生本体的做法，他不知道，也不想知道。这话很斩截，显示出他已经久蓄于心；在后来名气更大的王夫之那里，这体现在他对理气、道器、能所、知行、理势等范畴之关系的辨析中，强调在气、器等组成的现实或者说"人"的世界中来把握"道"和"理"，就是说没有脱离现实生活而孤立存在的道理。

其次，是对"人欲"的肯定性论述。陈确反对理学中人欲和天理的对立，认为"天理皆从人欲中见，人欲正当处，即是理"[89]。人欲表现得适当了，那就是理，天理和人欲是不会对立的。颜元也说："天下之所趋莫甚于欲，天下之所重莫甚于生。"[90] 意思是，老百姓都重视的就是一个生存的欲望啊。这里的"欲"是和"生"联系在一起的，"欲"是"天下"即普遍性的生存之欲，不是仅仅和"名教"对立的"情欲"，从而强烈地区别于明代言情小说中那种和"情"相关联的"欲"。这一点在清代中期以后更加突出。

最后，向着"现实"下沉，对现实社会、政治，尤其是民众生活的倾力思考。颜李学派，就是颜元和他一个有名的弟子李恕谷所建立和发扬的学派，尤其能体现这一点。颜元极为重视"实事实物"，重视"事功"，以至于有学者认为他"不用则为陈同甫，用则必为王安石"[91]。顾炎武立足"四海困穷"，对"人道""常情"的体贴，对"当代之务"的关注，也是这方面很好的例子。

三

清代思想的新颖性

在以往的思想史论述中，明末常被视为既往思想的高峰，而清代则是这一高峰的坠落。如日本思想史家岛田虔次写作《中国近代思维的挫折》，其提出的"挫折"即是阳明学所激活的市民意识的萌芽在进入清代以后被摧折的状况，国内史学家以前讨论明代"资本主义萌芽"也暗含了这一萌芽在清代之后夭折的意思。清代思想乃至整个清代史被过低地评价，与清末以来民族革命的潮流有关。但是如果从"向下超越"这种更下沉的历史趋势来考察，清代思想毋宁说有更多的新颖性。"大道相融"的问题可以在清代思想的新颖性中获得更进一步的说明。

随着清朝统治的稳定，进入清中期以后，学界渐为考据学的风气所掩盖。考据学，就是那种注重版本、训诂、文字、音韵等的学术方法，注重对经典文字层面上的辨析，而对阐发义理则抱着克制的态度。但清初诸儒开创的向着"现实"下沉的趋势没有断绝，而且创生为更自觉的形态。依时间先后之序，我们可把它分三条线索来略加梳理。

首先，是考据学阵营内部出来的戴震及其影响。戴震是安徽人，生逢雍乾朝考据学盛行之时，出生在小商贩家庭，他父亲是一个贩卖布料的人，据说是因为出生那天雷声震动而取名为"震"。但是，戴震非常刻苦，没有受到经济条件的限制，从而成为皖派考据学的领袖，称"当代学者第一"，但他并不以考据学自限，而志在观察圣人之为圣人的原理，所谓"观圣人之道"。在给学生段玉裁的信中称"生平论述最大者，为《孟子字义疏证》一书，此正人心之要"[92]。我们在此无法详论戴震的思想，我们就说说《孟子字义疏证》这本书中的一些思想。顾名思义，这是一本对孟子所提及的一些话、一些概念加以重新解释的书，或者说是借孟子的话来讲自己的话。在书里，戴震不断讲到所谓王道就是要体贴民情，就是要顺遂民众的生存欲望。他解释道德，也不再把道德看成一个克制欲望、克制情绪的东西，而是一个顺遂欲望而让情绪通畅的东西。他解释仁义道德的"仁"，认为仁就是生生之德，尤其重要的是，不是让一个人生，不是让一个人顺遂欲望，而是让天下人共同顺遂其欲望，共同实现其人生。大家听这些话，是不是意思很显豁、很简单，而且很能接受？对的，这里面也有一种哲学，但不是以深度，不是以本质的对立来展开的哲学，而是一种平面性的哲学，一种数量的哲学。而且这些论述都不同程度显示其将"欲"和"生生"这本来抽象的哲学概念与"民"关联在一起，从而其所谓"欲"或者"生生"就不是一般地作为"理"或者"虚静"的对立面，而是指向"民"的具体生存实践。不仅如此，他还把"民"向下具体化为"卑者、贱者、幼者"甚至是"弱者、寡者、愚者、怯者"，以及各种无告的人。这对于古代士大夫阶层来说是一个重大的突破，在思想史上也非常有转折意义。此后，戴震的学生阮元，他是江苏仪征人，后来成为一个重要的学者，也是一个重要的学术组织者，批驳唐代韩愈、李翱以至陆王的"复性"论，沿着戴震的脉络重新解释了心性和欲望之间的关系，就是心性和生存的欲望是不能分离的。他还说《孝经》《论语》这样的书，都是从普通人的日常行为的角度来加以指点，教普通人待人接物的书。阮元身居要职，官做得很大，也被同时代学者奉为泰山北斗，他的论述很能显示一时代之风气。再到后来，到了清代晚期，有一个大家更熟悉的人，也是江苏仪征的刘师培，又是沿着戴震和阮元的路子，写了《理学字义通释》这本书，可谓戴学在晚清的遗响。

其次，是对清代汉学、宋学痛下针砭的章学诚及其影响。章学诚是浙江人，他学术上最著名的命题是"六经皆史"，认为"古人不著书，古人未尝离事而言理，六经皆先王之政典也"[93]。这一命题化经为史，即事言理，即政典言经典，也表现出向着"现实"下沉的趋向，这也正与他倾心编修地方志的史学实践相表里。我们在这里还想特别点出的是章学诚的"学于众人，斯为圣人"的命题。这是一个为学之方啊，就是"学于圣人，斯为贤人。学于贤人，斯为君子。学于众人，斯为圣人"[94]。"众人"竟然成了圣人之成立的源头。这个众人就是联系着现实，或者说就是现实本身，而所谓众人就是现实的基本内容。现实情况是由"众人"的"有所需、有所郁、有所弊"等生存活动的整体所造成的。也就是说，这里面不是"圣人"单向导引着"众人"，而是"众人"导引着"圣人"，"圣人"向"众人"学习并加以总结的这样一种递进式的互动关系。章学诚这个人一生潦倒、奔波，可以说未曾有过一个普通人的快乐，未曾过过安定的生活，后来眼睛也坏了，自谓"自一二知己外，一时通人，未有齿仆于人数者"[95]。他说啊，"我就一两个知己朋友，当时有名望的人，都不屑于提到我"，因此在当时声名不显。但就章学诚"欲有所救挽，则必逆于时趋"的自觉意识与独自承担的勇气及其深造自得的《文史通义》《校雠通义》等著作来论，则它们诚可谓一时代之结晶。而当将眼光拉伸至晚清龚自珍、谭献、章太炎等对"六经皆史"说的推崇，拉伸到晚清"由经入史"的时代风气，拉伸到章太炎所说"辛亥革命排满，就是由历史来的，不是由学理来的。人不读历史，则无爱国心"[96]，则章学诚之史学亦可谓一条沟通 18 世纪到 20 世纪的潜流。

最后，是常州学派开辟的今文经学潮流。常州学派，顾名思义，就是出身江苏常州的一些学人形成的一个学术派别。而今文经学，则是中国的经学这门学问里面据说是用隶书所写的那些经典。说到今文经学，有汉代的今文经学，也有清代的今文经学，这里面有较为复杂的学术源流，严格说也不能混同。简单理解，就是经学里面的一种更新的版本。常州学派始于和戴震差不多同时代的庄存与。这个人曾与和珅同朝为官，后来不做官了，回家专门做学问，研究今文经。他有一个外甥，叫作刘逢禄，可以说是把清代今文经学明确树立起来的人。刘逢禄持今文家法很严格，他尤其推重《公羊传》。这也是一本古书，就是解释《春秋》的一本传，据说是战国时期齐国人公羊高所传下来的，所以叫作《公羊传》。刘逢禄就写了一本对《公羊传》进行阐释的书，重点表达了要通过经书注解表达对政治的关心，要依据经书来治国理政。他认为经书里面包含了很深又很隐秘的意思，所以使劲儿去发挥这些意思，而这些意思都带着一种强烈的现实性和政治性。刘逢禄的这些做法，虽然整体上还局限在经义的框架之中，但同时也显示了传统经义、经书的裂变，裂变的主要动因即在于对同时代政治的介入。这不仅区别于章学诚的主要在学术理论脉络上立论，也区别于戴震的借理学辨析对政治的隐讽，而展现了更为直接的变革政治的愿望。在庄、刘等第一代今文经学家这里，对现实的关注和改革的意愿还表达得颇隐晦曲折；到了刘逢禄的学生龚自珍、魏源等人，观念就进一步明朗化了，"自改革"的主张更加具体，边疆和域外地理问题也被纳入视野；而到了清末的康有为，今文经学著作《新学伪经考》《孔子改制考》等更成为"戊戌变法"的理论基础，纸面上的学术论争一转而成为地面上的政治实践。梁启超说过，"'公羊学'与许郑之学（就是古文经学，经学的另一个比较老的版本——引者注）代兴，间接引起思想界革命。盖嘉道以降，常州学派几天骄矣"[97]，这不是乱说的。

好了，我们上面所讲的，可以说是清代思想的新颖性，依时间而列出的三条线索也可以说立体地构成三个层次：

今文经学脉络是经学内部的革新，所注目的主要是统治阶层的变革，从庄存与的以"大一统"来强化中央权力，到龚自珍的"自改革"，再到康有为的协助光绪皇帝变法，都是这样。经学是其表，政治是其里，在政治的危急时刻，经学则甚至可以不论。

章学诚的脉络是经学和史学之关系的革新，所关心的是学术界的风气与走向，而与政治关系颇远。章学诚的"学术岂易言哉"的叹息可见出"学术"在其心中之分量。即使对政治有关心，这一关心也必以坚实的学术为基底，这一点到清末的章太炎就更加清楚。就学者所处的承上启下位置而言，这个脉络也可以说注目于社会的中间阶层。

戴震的脉络是理学的革新，常被归为"反理学"的潮流。但如上文指出，戴震的反理学不仅是理学乃至学术内部的革新，更是从理学乃至学术向外迈出一步，注目于现实生活，而尤其是现实生活中的民众。他对欲、情、道等的再解释可谓为"民众"社会地位的确立奠定理论基础，关注的是社会的下层。

　　综合起来说，今文经学脉络关注的是现实之上层，章学诚的脉络关注的是现实之中层，戴震的脉络关注的是社会的下层。这不同层次对于现实的关注、向着现实的下沉，也同时导引、对应着晚清以来中国政治和社会的变动。具体说，就是今文经学导引、对应着"戊戌变法"，章学诚所属的浙东史学导引、对应着辛亥革命。相比之下，戴震的脉络更具有辛亥革命也不能消化的能量，这也是刘师培在奋力介绍社会主义、无政府主义思想的时刻阐释戴震学说的原因。戴震从哲学上论证"卑者、贱者、幼者"的社会地位，在逻辑上通向共产革命中对于被压迫阶级主体地位的确认。甚至可以说，戴震的脉络更对应着此后的社会主义革命。

四

20 世纪思想的"向下超越"

不断向着现实下沉的趋势，在进入 20 世纪之后，呈现一种加速的状况。"大道相融"的问题在这种加速的状况中可以看得更分明。从概念、言辞上所表现的 20 世纪历史对此前历史的批判和否定，毋宁说正是此前历史那个向着现实持续下沉趋势的加速。在我们看来，马克思主义之所以在中国扎根，正是因为中国历史这种加速下沉的趋势能够有效接引这一理论。这里的关键不是作为光滑理念的"马克思主义"与"中华优秀传统文化"的拼接，而是中国历史自身就孕育了可以和作为理念的"马克思主义"接榫的趋势，并且作为理念的"马克思主义"还要内在于这个历史趋势，并由此完成其中国化的过程。

这一点，可以首先从被视为现代史之重要起点的"五四新文化运动"（这是广义的五四运动理解，即将新文化运动和五四运动视为一个连续的历史过程）来观察。五四新文化运动通常是在一些新颖的概念底下被认识，比如"德先生"（民主）、"赛先生"（科学）或者"费小姐"（自由）之类。但在笔者看来，"五四新文化运动"诚然催生了各种各样的"主义"话语，这些话语却未必真正是"五四"的产物，而是当时和"五四"伴生的其他历史脉动激荡的结果。比如上文也提及，反传统、批判儒家的思想在清末就出现了；对"德先生"的推崇背后有第一次世界大战以及威尔逊主义的影响；所谓"五四"的激进，也在很大程度上吸收了十月革命的影响。20世纪第一个十年的历史本身就是多股潮流互相碰撞交织而成的，不能只盯在"五四"身上。而且，就"五四新文化运动"本身而言，其最新颖之处，或许不在于那些口号标语，而在于这些口号标语底下所涌动的历史时势。这个历史时势，可以概括为一种将各种言辞都拨开而去探求历史之内在肌理的趋向。这个趋向，也就是前面所论及的不断向着现实下沉的趋势。

当然，这个趋势不是一开始就显露的，而是一个逐步推进的过程。新文化运动之处，是各种新颖思想口号大行其道的场合，这一点也是承接在清末以来外来思想涌入这一潮流基础上的。梁启超就曾提出"黑血革命"的说法，意思是说思想学说在报纸杂志上的印制也是一场革命。但是在新文化运动的后期，特别是进入20世纪20年代以后，"思想"之引领性和优先性开始逐步退格，在五四运动当中作为核心问题提出的文化改造的局限性逐渐得到反思。曾鼓吹"伦理觉悟"的陈独秀，这时也着手区分思想文化改造与社会改造，强调社会改造之独立性与不可化约性，他批评前者是"一班有速成癖的人们，拿文化运动当作改良政治及社会底直接工具"[98]。中国共产党早期的一个领导人蔡和森，以前也是新民学会的重要成员，在法国的时候和毛泽东有过非常重要的通信，讨论建党问题。他严厉地批评那种寄望思想改造、文化批判的思路本身的阶级局限。他说："我敢大声唤破这种迷梦：社会革命与染有中产阶级色彩的思想家和被中产阶级学说、教育、势力薰坏的改造家全无干涉。任凭你们怎样把你们的理想、学说绣得好看，雕得好玩，总与无产阶级的生死问题不能接近。"[99] 这里可以插一句，现在讨论五四运动，讨论所谓觉醒时代，大家习惯地注目北京，注目北大，但其实，远在湖南的新民学会也同样不能忽视，新民学会成员讨论问题的深度值得好好琢磨。

这个时候，以"思想"之彻底性著称的无政府主义思潮在经过和马克思主义者的论战之后，也逐渐失去吸引力。当时就有人发表文章说："许多无政府主义者何尝不富于反抗的和创造的精神？但他们因为不明白实际情形，他们的努力不知不觉地就变成盲目的和反动的了。我们要知道那不就客观的实际情形做研究，而徒凭个人主观的思想，想改造社会的人，他们的罪恶在实际上与反动派保守派没有什么分别。"[100] 到1923年，改版后的《新青年》季刊更直接宣称："《新青年》当研究中国现实的政治经济状况。研究社会科学，本是为解释现实的社会现状，解决现实的社会问题，分析现实的社会运动。"[101] 在这些表述中，伦理、文化、精神、学说等广义的"思想"之作用逐步式微，而与之相对的社会、客观、实际情形、社会现状乃至社会科学等表述"社会现实"的提法强势凸显。以此为开端，中国现代史开始逐步转入由"社会现实"来导引革命的阶段。

关于这个转变的过程，我们还可以更具体地来说一说，就以1920年前后思想界出现的东西方文化论战为例。这场论战及其走向，比较典型地呈现了从重"思想"到重"社会现实"这一转变的轨迹。东西方文化论战是一场在五四运动当中发酵的思想论战。在我们看来，这个论战可以分为前后两个阶段。在第一个阶段，或者说前期，陈独秀1915年发表的《东西民族根本思想之差异》可推为此论战之滥觞，其中对西洋民族以个人为本位、东洋民族以家族为本位的断言，构成五四时期关于东西方文化的基本认识。1918年，李大钊发表《东西文明根本之异点》，虽因受到十月革命影响而提出"第三新文明"的概念，但其论述的基本框架仍为东西方文化、文明之对立。1918 年到 1919 年《新青年》和《东方杂志》关于西方功利主义、立宪共和学说、中国固有文明的争论则构成这场论战的一个高潮。这场争论的核心在于说到底是西方文明高级，还是中国的文明高级。此后，梁启超 1920 年发表《欧游心影录》，梁漱溟同年出版《东西文化及其哲学》，印度大诗人泰戈尔 1924 年访华等文化事件使这一论战更趋于深化。但是，进入 20 世纪 20 年代以后，东西方文化论战开始转入一个新的境地，这可以说是第二个阶段。这个新的境地是什么呢？这就是"社会主义文明"的境地。就如中国共产党早期领导人瞿秋白所说的那样，这种"社会主义文明"是"充分发展一切科学"、以"热烈斗争和光明劳动"所得的结果。从这一新的境地来看，所谓东西方文化只是"时间上的迟速，而非性质上的差别"，其最终都要诉诸"物质的生产关系"。[102] 就是说，在第一个阶段被对立的东西方文明，现在因为"物质的生产关系"而可以得到统一的解释了。因此，对待东西方文化之差异不能仅着眼于固有文化、文明、思想等，而要从调整生产关系入手，全世界的文化差异根源都在于生产力的发展和生产资料的分配，要缩小这种差异，最根本的是"世界性的社会革命"。

不过需要补充的是，在 20 世纪 20 年代中前期，关于"物质的生产关系""唯物的历史观"的讨论之种种也主要呈现为观念层面的辨析。这些讨论不断带出对"现实""社会""唯物""社会科学"等范畴的重视，但同时又没有完全摆脱理念化的痕迹。也就是说，这个从"思想"到"现实"的转变过程不是一蹴而就的，是有一个过程的。邓中夏 1924 年在写下"中国农民状况及我们运动的方针"这个题目之后，曾叹息道："在向来不曾重视统计的中国，要解答这一类的大问题，真是'戛戛乎其难矣'。"[103] 从事社会运动的人尚且有此叹息，那些寄身学术机构的学者更可想而知。毛泽东 1926 年写出《中国社会各阶级的分析》，1927 年写出《湖南农民运动考察报告》，在这一脉络中实属难得。

尽管如此，从"思想"层面逐渐转向"现实"层面，转向"唯物的生产关系"层面，依然意义重大。这种转变提醒我们，对 1920 年前后中国革命进程的解释，不能惯性地采取从某某主义到某某主义这种平面化的方式，不能仅仅在"思想"内部来把握，而应意识到其间存在的从"思想"到"现实"的位移，这是一种认识论的转换，而非单纯的思想变动。诚然，这里对"现实"的重视有着马克思主义的影响，但马克思主义在此并不是作为一个应然性的理念或者先验思想来发挥作用的，而是首先引导接受者眼光向下去考察中国的社会现实状况，是作为观察和分析问题的方法而起作用的。立足"现实"而与所谓"思想"立体性地拉开距离，这在蔡和森的论述中尤其具有典型性。他在给陈独秀的一封信里说："社会革命的标准，在客观的事实，而不在主观的理想；在无产阶级经济生活被压迫、被剥削的程度之深浅及阶级觉悟的程度之深浅，而不在智识程度道德程度之深浅。"在这里，"事实"取得了压倒性的地位，因为这"事实"是中国绝大多数人口的"生死问题"，这一问题的迫近，即刻暴露出所有"思想"的无效。五四时期有胡适和李大钊关于"问题与主义"的争论，似乎胡适是重视现实问题，而李大钊是重视理论和主义的。但实际上，"问题与主义"之争并非如其字面上所显示的那样是"问题"

与"主义"的截然对立。在胡适，其所反对的"主义"，是没有具体内容因而也就没有现实感的空洞口号；在李大钊，其所反对的"问题"，是零碎的、枝节性的，只有一小部分人着手、参与的片段性现实。因此，"问题"与"主义"之争毋宁说是少数人之现实与多数人之现实的对立，是围绕"现实"的对立。李大钊强调"主义"，是试图以"主义"来刺激、掀动更多的人去发现并进而改变"现实"。从这里出发，就进一步关联到大革命之后广泛的社会调查，特别是对中国农村的深入调查，以及由此展开的农村包围城市的革命道路。

经过以上的论述，我们约略摸索到了明末至 20 世纪的连续性。诚然，这种连续性并不是均质的、平滑的，并且愈接近 20 世纪，或者愈进入 20 世纪，连续性就愈多地表现出断裂和跳跃。其间的基本逻辑是"现实"从作为被思考的对象而愈加变成思想的立脚点和内在视角，又从作为思想的立脚点愈加变成实践的立脚点。这是"现实"本身的理念化逐渐脱落，而"现实"的行动性逐渐凸显的过程，也是"现实"撑破任何"理"的框架，自身以一种原理性的形式呈现的过程。但是，无论断裂还是跳跃，都不是对连续性的否定，而恰恰是这种连续性加速推进的表现，是一代又一代的有心人向着"现实"不断下沉、趋近的表现，也可以说是"现实"本身不断凸显的结果。我们前面所提出的"向下超越"，从而就不只是提示了明末以来思想和社会变动的趋势，也是 20 世纪中国历史变动的一个趋势。也就是说，从明末以来这接近 400 年的历史，是一个"向下超越"态势越发趋于明显的状况。

不仅如此，就整个中国史而言，也存在这种"向下超越"的大势，只是在近 400 年当中，这个大势更表现为一种加速的状况。这正是老中国之蜕变、老中国之更生、老中国之趋于新中国的过程。

"向下超越"既包括"向下"，也包括"超越"，这是一种历史趋势，也是历代杰出的中国人——鲁迅所说的"中国的脊梁"所秉承的一种精神，这是一种诚实地面对自己所处的逆境和困境，脚踏在自己的土地上，拼命硬干苦干，并且推己及人乃至"以他为自"（欧阳竟无语），激昂向上，希圣希贤的精神。这难道不就是传说中的开天地的盘古吗？盘古脚踏在大地上，向上把天托起来、擎起来，不断开拓中国人的生存空间，不断开拓中国人的思想空间，不断开拓中国人的精神空间。

当代中国人也正怀抱这种拼命硬干的精神，一步一个脚印地走在这条"向下超越"的大路上。*

---

* 本章论述主要参考作者两篇论文：《中国当前思想状况与"中国性"问题》，《台湾社会研究季刊》2020 年第 12 期；《"现实"的凸显及其理念化——对"五四运动"思想与文学内在构造的再思考》，《文艺理论与批评》2019 年第 3 期。

第四章

马克思主义与中华优秀传统文化相结合的三次升华

——大道相融百年历程

王学斌 中共中央党校（国家行政学院）文史教研部教授、中国史教研室主任党的二十大报告在"开辟马克思主义中国化时代化新境界"部分中明确指出:"中国共产党为什么能,中国特色社会主义为什么好,归根到底是马克思主义行,是中国化时代化的马克思主义行。"[104]并具体强调:"坚持和发展马克思主义,必须同中华优秀传统文化相结合。只有植根本国、本民族历史文化沃土,马克思主义真理之树才能根深叶茂。"[105]这段重要论断深化了我们党对坚持和发展马克思主义的规律性认识,也是我们理解和把握习近平新时代中国特色社会主义思想的关键。正如党的二十大新闻发言人孙业礼在中共中央解读党的二十大报告的新闻发布会上所介绍的:"这是对党的理论的又一重大创新,开创了我们党理论创新的新格局……这是对历史的深刻总结,是对规律的深刻揭示,也是对未来理论发展的正确引领,代表了中国共产党人新的觉悟、新的认识高度,也体现了我们中国共产党和中国人民强烈的文化自信与文化自觉。"[106]可见自习近平总书记在建党百年庆祝大会上提出来后,"马克思主义基本原理同中华优秀传统文化相结合"已成为学术界、理论界纷纷热议探讨的重要问题。

溯源才能浚流,守正方可出新。结合党的二十大报告有关"第二个结合"的具体论述,我们更应当从"马克思主义基本原理同中华优秀传统文化相结合"的历史原点出发,悉心梳理中国共产党百余年之探索历程,深入把握该理论命题之所以于党的百年华诞之际提出的理论与实践逻辑,从而在过去、现在与未来的时间轴线上锚定目标,继续推进马克思主义中国化时代化之纵深发展。

契合、结合与融合："第二个结合"的实现层次

　　仔细研读二十大报告，不难发现针对"第二个结合"，党中央的阐释体现了诸多新颖深刻之处。如报告着意提出："中华优秀传统文化源远流长、博大精深，是中华文明的智慧结晶，其中蕴含的天下为公、民为邦本、为政以德、革故鼎新、任人唯贤、天人合一、自强不息、厚德载物、讲信修睦、亲仁善邻等，是中国人民在长期生产生活中积累的宇宙观、天下观、社会观、道德观的重要体现，同科学社会主义价值观主张具有高度契合性。"[107] 这里明确强调中华优秀传统文化同科学社会主义价值观主张具有高度契合性，可谓给学术界、理论界提出了极其新颖且极为重要的课题。

　　众所周知，马克思主义基本原理同中华优秀传统文化相结合，已走过了百年历程，自 1921 年中国共产党创立初期的初步结合[108]，到 1943 年 5 月，中共中央在《关于共产国际执委主席团提议解散共产国际的决定》中指出"要使得马克思列宁主义这一革命科学更进一步地和中国革命实践、中国历史、中国文化深相结合起来"[109]，再到 2021 年 3 月 22 日，习近平总书记在福建考察时强调"要把坚持马克思主义同弘扬中华优秀传统文化有机结合起来，坚定不移走中国特色社会主义道路"[110]，自"初步结合""深相结合"至"有机结合"，随着中国共产党人对马克思主义基本原理的领悟愈来愈深，对中华优秀

传统文化的把握越来越准,"第二个结合"愈益彰显理论的光芒与文化的底蕴。放眼未来,这两大思想文化体系,当继续沿着创造性转化、创新性发展的路径,在回应时代问题的探索中,达致一种更高层次和意义上的"结合",即创造性的"融合"。

倘若说"融合"是面向未来的长远目标,"结合"是回顾百年的成功路径,那毫无疑问"契合"则意味着彼此互通的内在可能。当然,百年的结合历程已用无可争议的诸多伟大创造与天才创新,证明了马克思主义基本原理同中华优秀传统文化之间是深深相契且道理相合的。故立足新的历史起点与征程,我们重返原点,去探寻二者的"可能性",则不再只是追问"是否可能",而是总结"因何可能",进而更好地为今后"把马克思主义思想精髓同中华优秀传统文化精华贯通起来、同人民群众日用而不觉的共同价值观念融通起来"[111] 积累可贵经验。

须知,马克思主义主要由哲学、政治经济学、科学社会主义三大组成部分构成。这三大组成部分分别来源于德国古典哲学、英国古典政治经济学、法国空想社会主义,然而,最终升华为马克思主义的根本原因,是马克思对所处的时代和世界的深入考察,是马克思对人类社会发展规律的深刻把握,故而具有强烈的时代感与内在的现代性。与之不同,中华文化是农耕文明的产物,我国农耕文明源远流长、博大精深,是中华优秀传统文化的根。正肇因于此,中华优秀传统文化与社会主义市场经济、民主政治、先进文化、社会治理等还存在需要协调适应的地方。故二者相结合的过程,实际上属于一种"有选择性的亲和",并非一一对应的机械复制粘贴,亦非此消彼长的互相竞争替代。这势必需要中国共产党人既要善于进行"传统的发现"，找到中华优秀传统文化可与马克思主义基本原理深入契合处，为科学理论深深扎根中国筑牢基石，又当善于进行"传统的发明"，用马克思主义基本原理激活长存中华文明之内的文化基因，为优秀文化久久承继弘扬创造条件。尚需说明的是，马克思主义基本原理同中华优秀传统文化相结合，属于两大思想文化体系的相通互容，并非简单理念上之一一对应，更无"照方抓药"式的模板可供依循。该伟大创举是在波澜壮阔的百余年历程中通过无数次的实践探索而达致从无到有，终蔚为大观，从而"不断赋予科学理论鲜明的中国特色，不断夯实马克思主义中国化时代化的历史基础和群众基础，让马克思主义在中国牢牢扎根"[112]。因此，遵循《中共中央关于党的百年奋斗重大成就和历史经验的决议》中所强调的：毛泽东思想是马克思主义中国化的第一次历史性飞跃，中国特色社会主义理论体系实现了马克思主义中国化新的飞跃，习近平新时代中国特色社会主义思想实现了马克思主义中国化新的飞跃。我们可以确定，百余年来，中国共产党人既是马克思主义的忠实信奉者和实践者，也是中华优秀传统文化的忠实传承者和弘扬者。伴随着马克思主义中国化的三次飞跃，马克思主义基本原理同中华优秀传统文化相结合也实现了三次升华。

进而言之，中国共产党把马克思主义基本原理同中华优秀传统文化相结合，有一个从自发到自觉到升华的过程。党在不同时期面临的主要任务和现实问题，以及世情、国情、党情的变化，推动党对这一问题的认识也在不断深化。中国共产党人坚持运用马克思主义立场观点方法，实现了对中华优秀传统文化的继承、弘扬和创造性转化、创新性发展。科学理解马克思主义基本原理同中华优秀传统文化相结合的发展历程，对于发展中国特色社会主义文化、推进文化自信自强、铸就社会主义文化新辉煌、建成社会主义文化强国，具有重大的理论意义和实践意义。同时对这一历程的考察，亦有助于我们更好把握契合缘何必要、结合何以生成与融合为何必然的深层次机理。

二

从初步结合到"深相结合"：马克思主义基本原理同中华优秀传统文化相结合的第一次升华

简要而言，马克思主义中国化，是"化中国"和"中国化"彼此互动、相得益彰的过程。它涵盖两个方面：其一，是把马克思主义基本原理运用到中国革命、建设、改革等诸阶段的具体实际（包括历史文化实际）当中，从而剖析和解决中国的现实问题，如毛泽东所言，"使马克思主义在中国具体化，使之在其每一表现中带着必须有的中国的特性，即是说，按照中国的特点去应用它"[113]；其二，是按照马克思主义基本原理尤其是立场观点方法，提炼概括并深化为中国社会实际发展和中国共产党伟大实践的宝贵经验，最终升华为马克思主义在中国孕育的新思想、新理论，亦即具有中国特色的马克思主义新内涵与形式，也就是"要把马、恩、列、斯的方法用到中国来，在中国创造出一些新的东西"[114]。

中华优秀传统文化毫无疑问是滋养马克思主义中国化的丰厚沃土，也是形塑其独特中国形态特征的不可或缺的基本资源。职是之故，"马克思主义必须和我国的具体特点相结合并通过一定的民族形式才能实现"[115]，更"要追求一个合乎中国需要的理论性创造"[116]。如此通过经年累月的不舍探索，在与中华文化的深切交融后，马克思主义的理论内蕴和表达形式便被赋予了中国特色、中国风格和中国气派。

十月革命，中国的面貌自此一新。中国共产党人找到了马克思主义这一救国救世之真理，同时也有意识地运用社会主义革命的视角，立足中国传统和国情来审视与思考问题。恰如李大钊所指出的，"因各地、各时之情形不同，务求其适合者行之，遂发生共性与特性结合的一种新制度，故中国将来发生之时，必与英、德、俄……有异"[117]。作为马克思主义中国化的倡导者、践行者与主导力量，中国共产党必须注重对中华文明其中精髓要义的提炼与发掘，并将之与马克思主义基本原理发生良好的关联。坦率而言，在党的创立初期，中国共产党人对于"第二个结合"的探索，至多处于自发的程度，尚不够深入，可称之为"初步结合"阶段。直到遵义会议后，毛泽东站在了推进马克思主义中国化的最前沿，并进而通过其诸多天才式的思路与路径赋予科学真理以民族形式和中华文化品质。1938 年 10 月，在中共扩大的六届六中全会上，毛泽东鲜明提出："离开中国的特点来谈马克思主义，只是抽象的空洞的马克思主义。因此，马克思主义的中国化，使之在其每一表现中带着中国的特性，即是说，按照中国的特点去应用它，成为全党亟待了解并亟须解决的问题。"[118]也正是在此时期，在如何对待传统文化的问题上，以毛泽东为主要代表的中国共产党人始终坚持既批判又继承的态度，从而实现了马克思主义基本原理同中华优秀传统文化的"深相结合"。毛泽东一再强调："清理古代文化的发展过程，剔除其封建性的糟粕，吸收其民主性的精华，是发展民族新文化提高民族自信心的必要条件。"[119]众所周知，毛泽东对传统文化有着深厚感情与极高造诣，他不止一次强调："今天的中国是历史的中国的一个发展；我们是马克思主义的历史主义者，我们不应当割断历史。从孔夫子到孙中山，我们应当给以总结，承继这一份珍贵的遗产。"[120] 且主张："要把中国的好东西都学到。要重视中国的东西，否则很多研究就没有对象了。"[121] 因此，毛泽东终其一生非常自觉且注重承继和汲取优秀传统文化的博大智慧，怀着炽烈的问题意识，根据不同的时代和局势需要，善于同马克思主义进行深入结合，这在《实践论》《矛盾论》《新民主主义论》《论十大关系》等一系列重要文献中体现得至为突出。

（一）《实践论》《矛盾论》开启了马克思主义基本原理同中华优秀传统文化相结合之先河

自 1921 年成立到 20 世纪 30 年代中期，中国共产党政治上、思想上还不够成熟，在领导中国革命的实践中经历了一系列严重挫折。虽然造成这些重大挫折的原因是多方面的，但其中一个重要而深刻的原因，即在于党内一直存在相当严重的脱离中国实际的主观主义错误，主要表现形态是教条主义和经验主义。在反对、批判党内的主观主义错误，特别是"左"倾教条主义背景下，毛泽东撰写了一系列高屋建瓴、深入浅出的理论著作，对思想路线作了多方面、多维度的阐释和发挥，《实践论》和《矛盾论》（以下简称"两论"）就是这些思想杰作中最具典范意义的代表作。

"两论"写作的最深刻理论动机和实践动机，是从哲学上反思、批判和破除党内存在的严重主观主义错误。毛泽东在撰写"两论"前，认真阅读了恩格斯的《反杜林论》、列宁的《唯物主义和经验批判主义》《谈谈辩证法问题》、普列汉诺夫的《论一元论历史观的发展问题》等马克思主义经典作家的哲学著作，[122] 较好地掌握了马克思主义哲学的基本原理，他的哲学智慧和哲学思维水平也由此得到了升华。与此同时，这一时期马克思主义传播的一大特点即"唯物辩证法风靡了全国"，且趋于走向通俗化、普及化，犹如暴风雨般，"其力量之大，为二十二年来的哲学思潮史中所未有，学者都公认这是一切任何学问的基础"[123]。毛泽东恰恰敏感地抓住了时代思潮的微妙脉动，在"两论"中，从马克思主义哲学世界观和方法论的高度，对把马克思主义运用于中国革命的道路进行了深入浅出的哲学论证，强调中国共产党人必须坚持知与行、理论与实践之具体的历史的统一，提出矛盾的共性和个性、普遍性与特殊性、绝对与相对之相互关系问题，是关于"矛盾的问题的精髓"的重要的、著名的哲学论断，并以极其鲜明、科学严谨的理论态度和哲学语调，谆谆告诫中国共产党人"不懂得它，就等于抛弃了辩证法"[124]。

　　毛泽东熟谙中国历代传统思想流派的学术观点，尤其涉及辩证法思想的内容，对其影响甚大。源自中国的思想文化精髓，经过他的批判、改造、提炼、加工后，创造性地融入到"两论"的叙事风格和观点论断之中。这促使"两论"在遣词造句、表达方式、用典举例等方面处处体现中国气派、中国特色和中国风格。"两论"中充满了新鲜活泼、为中国老百姓所喜闻乐见的表述形式，大量采用中国成语和民间谚语，例如"眉头一皱计上心来""秀才不出门，全知天下事"等；大量引用妇孺皆知的中国民间故事，例如《山海经》中的"夸父逐日"、《淮南子》中的"羿射九日"、《水浒传》中的"三打祝家庄"等。"两论"还经常采用通俗易懂的群众语言讲述深奥的哲学原理，例如，"你要知道梨子的滋味，你就得变革梨子，亲口吃一吃"，说明实践是认识的来源；"鸡蛋因得适当的温度而变化为鸡子，但温度不能使石头变为鸡子"，说明事物的内在矛盾是事物变化的根据。可以说，"两论"从哲学内容和表现形式上皆开启了马克思主义基本原理同中华优秀传统文化相结合之先河。

更堪措意的是，在"两论"中，毛泽东恰到好处地借中国传统哲学的命题"知行""实事求是"来表达理论与实际的关系，从而来彰显和阐明马克思主义基本原理之精髓所在，同时亦以马克思主义新的内容赋予传统哲学范畴以新的科学意蕴，可谓浑然天成，两者形成了一种形式与灵魂的高度融合。《实践论》虽没有刻意征引中国古代思想学派的观点，但字里行间显示出它批判地继承了古代"知行学说"的痕迹。《矛盾论》最根本的理论贡献，就在于它开创了一个以矛盾法则为核心的中国化马克思主义辩证法理论体系，是结合中国传统辩证法思想创造性地运用马克思主义哲学的结果，是一种原创性的理论贡献，这意味着"奠定了马克思主义中国化的哲学基础"[125]。

要之，《实践论》《矛盾论》的价值与意义，不仅在于提出和创造了一些至为重要的哲学原理与指导思想，同时将马克思主义世界观和方法论运用于中国社会实践，提出了实事求是思想路线，创造性地将其阐释而转换成一个有着巨大思想内涵、深刻历史内容和鲜明时代特点的科学的论断，并由此成为中国共产党人进行革命、建设和改革的思想路线。更具有范式意义的是，"两论"为如何把西方文化尤其是马克思主义加以有效的中国化，融入中国传统思想文化的优质资源，提供了弥足珍贵的原初经验。

（二）《新民主主义论》是马克思主义基本原理同中华优秀传统文化相结合的典范

如果说"两论"是毛泽东运用马克思主义赋予传统文化以新的科学意蕴，那么在《新民主主义论》中，毛泽东则进一步把马克思主义基本原理同中华优秀传统文化加以结合，建构了具备中国特色的现代性话语体系，为中国特色社会主义文化理论提供了一套原创性的范本。

《新民主主义论》关于新民主主义文化的系统阐释，实际上也为现代中国话语的创新性发展奠定了基本的发展路径。毛泽东在《新民主主义论》中明确指出，必须坚持历史唯物主义的态度，辩证对待传统文化与古代话语，即对传统文化进行批判性吸收，通过发展民族新文化为提高民族自信提供必要条件。也就是说，必须树立对待传统文化的科学态度，即坚持辩证的历史观，尊重而不割断历史。"但是这种尊重，是给历史以一定的科学的地位，是尊重历史的辩证法的发展，而不是颂古非今，不是赞扬任何封建的毒素。"[126] 毛泽东强调，新民主主义的文化是扎根于人民大众的文化，是为人民群众服务的文化，必须摒弃食洋不化和食古不化的两种极端倾向，要以人民群众喜闻乐见的形式加以表达，这毫无疑问也是马克思主义基本原理同中华优秀传统文化相结合必须遵循的原则。"所谓'全盘西化'的主张，乃是一种错误的观点。形式主义地吸收外国的东西，在中国过去是吃过大亏的。中国共产主义者对于马克思主义在中国的应用也是这样，必须将马克思主义的普遍真理和中国革命的具体实践完全地恰当地统一起来，就是说，和民族的特点相结合，经过一定的民族形式，才有用处，决不能主观地公式地应用它。公式的马克思主义者，只是对于马克思主义和中国革命开玩笑，在中国革命队伍中是没有他们的位置的。中国文化应有自己的形式，这就是民族形式。民族的形式，新民主主义的内容——这就是我们今天的新文化。"[127] 毛泽东有意凸显新民主主义文化的民族性，体现了近代以来中华民族反对帝国主义侵略这一时代主题。这种民族性又绝非狭隘的民族主义情绪或封闭主义主张，而是倡导在与其他民族、国家的进步文化互学互鉴之中，彼此择取对方精华，达到共同进步繁荣的目的。换言之，国外的大量进步文化，是熔铸新民主主义文化的宝贵原料，但并非须臾不可离的根脉。此外，毛泽东也十分注意对于马克思主义基本原理的传播解释："毫无疑义，应该扩大共产主义思想的宣传，加紧马克思列宁主义的学习，没有这种宣传和学习，不但不能引导中国革命到将来的社会主义阶段上去，而且也不能指导现时的民主革命达到胜利。"这意在点明"第二个结合"的双方主体，在建构新民主主义理论中切不可顾此失彼。可见这是基于鲜活而激荡的实践正反两方面经验教训之上的深刻反思而得出的科学判断。

《新民主主义论》是毛泽东运用马克思主义立场观点方法，研究和解决中国革命实际问题的光辉典范，是马克思主义中国化的重要代表作，标志着毛泽东思想科学体系的形成，也是马克思主义基本原理同中华优秀传统文化相结合的典范。新中国成立以后，以毛泽东同志为主要代表的中国共产党人，关于中国社会主义文化的建构及其原创性理论进展和创造性实践发展，在很大程度上都能够在《新民主主义论》中找到其理论渊源。

（三）《论十大关系》是马克思主义基本原理同中华优秀传统文化相结合的深化

　　新中国成立后，"党领导人民战胜政治、经济、军事等方面一系列严峻挑战"，"领导建立和巩固工人阶级领导的、以工农联盟为基础的人民民主专政的国家政权，为国家迅速发展创造了条件"。在对中国社会主义建设道路选择问题摸索中，毛泽东立足国内和国外两个大局，审时度势，回顾历史，遵循理论，直面现实，提出要"把马列主义基本原理同中国革命和建设的具体实际相结合。民主革命时期我们在吃了大亏之后才成功地实现了这种结合，取得了中国新民主主义革命的胜利。现在是社会主义革命和建设时期，我们要进行第二次结合，找出在中国怎样建设社会主义的道路"[128]。《论十大关系》无疑是"第二次结合"中的代表作。

　　毛泽东以《论十大关系》的讲话为发端，从经济、政治、思想、文化等各个方面对如何建设社会主义进行了全方位的探索，开启了中国社会主义建设道路的先声，成为毛泽东思想的重要组成部分。习近平总书记曾指出："《论十大关系》是毛泽东同志运用普遍联系观点阐述社会主义建设规律的典范。"[129] 在以《论十大关系》为主要代表的文献和讲话中，毛泽东对马克思主义基本原理同中华优秀传统文化相结合也有进一步论述："我们要学的是属于普遍真理的东西，并且学习一定要与中国实际相结合。如果每句话，包括马克思的话，都要照搬，那就不得了。"[130] 并且在结合态度上，持非常开放包容又理性务实的立场："我们的方针是，一切民族、一切国家的长处都要学，政治、经济、科学、技术、文学、艺术的一切真正好的东西要学。但是，必须有分析有批判地学，不能盲目地学，不能一切照抄，机械搬用。他们的短处、缺点，当然不要学。"[131] 党的八大也将"对于中国过去的和外国的一切有益的文化知识，必须加以继承和吸收"[132] 写入决议，表明中国共产党人对待马克思主义基本原理同中华优秀传统文化相结合的坚定态度。1956 年，毛泽东提出"百花齐放"方针，指出文艺界各种不同形式和风格的艺术应该自由发展，这一方针正是他根据马克思主义辩证法原理，借用中国古典思想创造性解决社会主义制度下如何发展文学艺术问题的一个典型案例。毛泽东提出，马克思主义与传统文化的结合，要有独立的思考，产生自己的理论，"马列是指导，不是教条，教条论是最无出息的，最可丑的。要产生自己的理论"[133]。

总而言之，毛泽东将马克思主义基本原理与中华优秀传统文化有机结合，确立了"实事求是"思想路线，这个思想路线既继承了它所蕴含的中华优秀传统文化，更为重要的是，又得到了马克思主义的理论改造与思想升华，体现了马克思主义、毛泽东思想的精髓。正如邓小平所说："马克思、恩格斯创立了辩证唯物主义和历史唯物主义的思想路线，毛泽东同志用中国语言概括为'实事求是'四个大字。"他认为，"毛泽东思想的精髓就是这四个字"，"实事求是，是毛泽东思想的出发点、根本点"，也是"马克思主义的根本观点、根本方法"。[134] 包括"实事求是"在内的整个毛泽东思想及其理论表述，就是马克思主义基本原理与中华优秀传统文化及其话语形式的一种和谐且典范式的高度交融与内在统一。换言之，毛泽东思想的理论来源一方面是对马克思主义的直接继承，另一方面也是对中华优秀传统文化从内容和形式两方面的批判、吸收、改造与创新。它既没有偏离马克思主义，又具有中华优秀传统文化思维特质和表现形式。它既是马克思主义的继承和发展，也是中华优秀传统文化的创新发展，并实现了二者的深相结合。

三

"深相结合"的不断深入：马克思主义基本原理同中华优秀传统文化相结合的第二次升华

改革开放以来，中国共产党在中国特色社会主义建设实践中继续坚持把马克思主义基本原理同中华优秀传统文化相结合，形成了以邓小平理论、"三个代表"重要思想和科学发展观等为内容的中国特色社会主义理论体系，中华优秀传统文化构成了中国特色社会主义理论体系的文明根基和创新宝藏。

（一）邓小平理论继承和改造了马克思主义基本原理同中华优秀传统文化相契合的思想资源

邓小平以马克思主义基本原理作为解决实践问题和理论创新的依据，辩证地继承和改造了中华优秀传统文化中与马克思主义相契合的思想资源。邓小平明确提出"中国特色"概念，反复强调建设社会主义，一定要有中国特色，"要按照中国的情况写中国的文章"[135]。邓小平把"实事求是"确立为毛泽东思想的精髓并终生坚持"实事求是"的思想路线。他在党的十二大开幕词中指出："把马克思主义的普遍真理同我国的具体实际结合起来，走自己的道路，建设有中国特色的社会主义，这就是我们总结长期历史经验得出的基本结论。"[136] 之后，邓小平多次强调，"马克思主义必须是同中国实际相结合的马克思主义，社会主义必须是切合中国实际的有中国特色的社会主义"[137]。中国特色社会主义把"社会主义"与"中国特色"结合起来，强调普遍规律和民族特点的有机统一，从而为马克思主义同中华优秀传统文化相结合提供了新的理论依据。在这一路线的指引下，邓小平特别强调对待传统文化要分清精华和糟粕，坚决反对封建主义影响，更要吸收和发展中华文化中一切好的东西，并随时注意让党的路线、方针和政策更具有中国传统特色，如他提出的"黑猫白猫论""摸着石头过河"等观点都是贴近人民群众的通俗表达，具有浓厚的中国传统特色。质言之，邓小平反复强调"建设有中国特色的社会主义"，该论断是总结中国共产党长期革命和建设历史经验的基本结论，集中代表了实现马克思主义中国化第二次历史性飞跃的最重要标识。

最具代表性的创造，莫过于邓小平提出的"小康"理论。众所周知，出自《诗经》的"小康"概念，原本只表示相对安宁之意。它在后世绵延演进中被赋予了丰富多元的政治、经济、社会乃至文化内涵。几千载岁月积淀与先贤凝练，"小康"逐渐融入中国文明进程，化为中国人精神世界中的重要愿景。邓小平运用唯物史观，以历史与逻辑相统一，紧密地将"国情""世情"与传统文化相结合，从不同视角赋予这一概念多重崭新的意涵。"全面建成小康社会"目标的提出，既有对传统小康思想的扬弃、吸纳和创造性转化，同时更是一种整体性超越和创新性发展，将这一概念上升为现代中国的重要符号与国家话语。可以说，邓小平借用"小康"定位一个时期中国现代化建设的战略目标，极其高明地将现代社会价值观与传统中国社会理想结合起来，属于一种睿智创造。这意味着，"它采用世界上通用的衡量一个国家或地区生产水平和生活水平的人均国民生产总值，为一个本来很抽象的社会发展目标概念确定了一个具体的标准。这就使现代化的目标既易于为广大人民群众所掌握，又便于与世界各国作比照，还能根据各种情况适时作出新的调整，从而成为一个动态的、开放的发展目标"[138]。

邓小平把马克思主义基本原理同中华优秀传统文化相结合，目的就是推进当代中国各项事业的快速稳步发展。他在 1992 年的南方谈话中，又提出了著名的"三个有利于"标准，要求广大共产党人遵循解放思想、实事求是的思想路线，建设有中国特色的社会主义新文化，这种新文化是以马克思主义为指导，立足本国而又面向世界的一种高度发达的社会主义精神文明。

（二）"三个代表"重要思想对实现马克思主义基本原理同中华优秀传统文化相结合提出了新思路

世纪之交，以江泽民同志为主要代表的中国共产党人深刻认识世界发展的根本趋势，着眼于始终保持和发展党的先进性，更好地实现中华民族伟大复兴，提出"三个代表"重要思想，要求党要"始终代表中国先进文化的前进方向"。这里的先进文化，既包括先进的科学文化知识即知识形态的文化，更包括以马克思主义为指导的先进的意识形态即观念形态的文化，而传统文化所体现的民族精神是观念形态文化的重要内涵。毛泽东思想、邓小平理论"是中国化了的马克思主义，既体现了马克思列宁主义的基本原理，又包含了中华民族的优秀思想和中国共产党人的实践经验。"[139] 这实际上肯定了毛泽东思想和邓小平理论既是马克思主义基本原理同中国具体实际相结合的产物，也是马克思主义基本原理同中华优秀传统文化相结合的产物。"三个代表"重要思想站在历史的制高点上，从始终保持和发扬党的先进性，更好地实现中华民族伟大复兴的高度，对实现马克思主义同中华优秀传统文化相结合提出了新思路。如提出的"与时俱进"，丰富和发展了"实事求是"思想路线；提出的"三个代表"中的"始终代表中国最广大人民的根本利益"，丰富和发挥了融马克思主义与中国传统民本思想于一体的"为人民服务"论；提出的"依法治国与以德治国相结合"，用马克思主义改造了中国传统的治国理念；挖掘并弘扬中华民族精神，提出了中华民族的伟大复兴战略，将马克思主义同中华优秀传统文化的结合发展到了一个新的高度。在党的十五大报告中，江泽民明确提出了党在社会主义初级阶段的文化纲领："建设有中国特色社会主义的文化，就是以马克思主义为指导，以培育有理想、有道德、有文化、有纪律的公民为目标，发展面向现代化、面向世界、面向未来的，民族的科学的大众的社会主义文化。"[140] 在庆祝中华人民共和国成立 50 周年大会上的讲话中，江泽民以高度的文化自觉、自信和自强意识指出："在新的千年中，中华民族必将以自己新的灿烂成就，为世界文明作出更大贡献。"[141] 展现了中国共产党一以贯之的理论格局和文化情怀。

（三）科学发展观对中华优秀传统文化进行了汲取与创新

党的十六大以后，以胡锦涛同志为主要代表的中国共产党人继承将马克思主义基本原理同中华优秀传统文化相结合的优良传统，并在广度和深度上进一步发扬了这一传统。从内容上看，更多的中华优秀传统文化资源被吸收到马克思主义的理论创新中来，如从科学发展观的核心"以人为本"到科学发展观的"全面协调可持续"等基本要求，从"和谐社会"到"和谐世界"理论的提出，都体现了党的理论政策创新中强烈的传统文化色彩；从形式上看，更多理论创新采用的是广大人民群众喜闻乐见的语言表达形式，也更贴近人民群众的生活。马克思主义基本原理同中华优秀传统文化相结合，更由表入深，更加注重从精神层面继承和发展中华优秀传统文化。胡锦涛在庆祝中国共产党成立90周年大会上的讲话中指出："中华民族创造了源远流长、博大精深的中华文化，中华民族也一定能够在弘扬中华优秀传统文化的基础上创造出中华文化新的辉煌。"[142] 党的十七大报告指出，中华民族伟大复兴必然伴随着中华文化繁荣兴盛，要更加自觉、更加主动地推动文化大发展大繁荣，并就提高国家文化软实力、兴起文化建设新高潮做出一系列重大战略部署。党的十七届六中全会更进一步提出"坚持中国特色社会主义文化发展道路"，强调"中国共产党从成立之日起，就既是中华优秀传统文化的忠实传承者和弘扬者，又是中国先进文化的积极倡导者和发展者"[143]，愈加凸显了中国共产党人在马克思主义基本原理同中华优秀传统文化相结合中的主体身份与主导地位。

围绕"建设中国特色社会主义"这一时代使命，科学发展观从传统文化中汲取智慧，在马克思主义理论指导下，对中华优秀传统文化进行了汲取和创新。如社会主义政治文明、社会主义核心价值体系、社会主义和谐社会等，都是既破除对马克思主义教条式理解，又抵制抛弃社会主义基本制度错误主张的理论创新成果。这些理论创新，既没有丢掉老祖宗，又讲出了当今时代、当今中国的新话，写出了科学社会主义的"新版本"。[144] 同时，在此时期，党中央还提出了"社会主义核心价值体系"这一在思想文化建设领域具有重大理论创新价值的成果。对该科学命题，党中央明确提出"社会主义核心价值体系"涵盖四个方面：马克思主义指导思想，中国特色社会主义共同理想，以爱国主义为核心的民族精神和以改革创新为核心的时代精神，社会主义荣辱观。[145] 可谓彼时"第二个结合"的最新成果。总的来说，这一时期我们党自觉将马克思主义基本原理同中华优秀传统文化相结合，成功实现了改革开放与"走自己道路"的有机统一，拓展了"第二个结合"的发展境界。

从"深相结合"到"有机结合"：马克思主义基本原理同中华优秀传统文化相结合的第三次升华

　　党的十八大以来，以习近平同志为主要代表的中国共产党人，坚持运用马克思主义的世界观和方法论，深入把握中华文明的历史脉络，洞悉中华优秀传统文化的精髓，深刻而系统地解答了马克思主义基本原理同中华优秀传统文化在新时代有机结合的根本遵循、重要方针和基本路径等关键问题。习近平新时代中国特色社会主义思想，是当代中国马克思主义、二十一世纪马克思主义，实现了马克思主义中国化新的飞跃。

　　习近平总书记指出："宣传阐释中国特色，要讲清楚每个国家和民族的历史传统、文化积淀、基本国情不同，其发展道路必然有着自己的特色；讲清楚中华文化积淀着中华民族最深沉的精神追求，是中华民族生生不息、发展壮大的丰厚滋养；讲清楚中华优秀传统文化是中华民族的突出优势，是我们最深厚的文化软实力；讲清楚中国特色社会主义植根于中华文化沃土、反映中国人民意愿、适应中国和时代发展进步要求，有着深厚历史渊源和广泛现实基础。"[146]2021 年 7 月 1 日，习近平总书记在庆祝中国共产党成立 100 周年大会上发表重要讲话，第一次提出"坚持把马克思主义基本原理同中国具体实际相结合、同中华优秀传统文化相结合"的重要命题。此后理论界对这个重大论断进行了持续而深入的阐释与讨论。同年11月，党的十九届六中全会在总结"坚持理论创新"的历史经验时，把"两个结合"的重大论断正式写进《中共中央关于党的百年奋斗重大成就和历史经验的决议》中。"两个结合"重大论断是新时代以习近平同志为核心的党中央进行理论创造形成的深刻认识，在马克思主义基本原理"同中国具体实际相结合"的基础上，进一步提出"同中华优秀传统文化相结合"，形成"两个结合"的重大论断。这是中国共产党推进马克思主义中国化实践深入发展的理论创新成果，具有鲜明的时代意义。2022年5月27日，在主持十九届中央政治局第三十九次集体学习时，习近平总书记再次强调，要在"两个结合"的基础上，"不断推动马克思主义中国化时代化"[147]。

习近平总书记在纪念马克思诞辰200周年大会上的重要讲话中指出，科学社会主义基本原则不能丢，丢了就不是社会主义。同时，科学社会主义也绝不是一成不变的教条，"只有把科学社会主义基本原则同本国具体实际、历史文化传统、时代要求紧密结合起来，在实践中不断探索总结，才能把蓝图变为美好现实"[148]。在这里，"历史文化传统"被单独提出，并与"本国实际"并列，马克思主义基本原理同中华优秀传统文化相结合的重要性在新时代越发凸显。

（一）在面向实践、面向未来、面向复兴的过程中不断推动马克思主义基本原理同中华优秀传统文化相结合

马克思主义是我们立党立国、兴党强国的根本指导思想，马克思主义理论不是教条而是行动指南，必须随着实践发展而发展，如此

中国化才能落地生根，本土化才能深入人心。

回顾党的十八大以来党中央在坚持"马克思主义基本原理同中华优秀传统文化相结合"方面的实践与探索，给我们的最大启示便是在如此复杂且重要的历程中，一方面需要深刻理解马克思主义基本原理之真谛，另一方面还需要坚持和发展中华优秀传统文化的内核，警惕文化虚无主义、历史虚无主义和复古主义。切实做到运用马克思主义基本原理激活中华优秀传统文化的内核，在面向实践、面向未来、面向复兴的过程中不断推动两者相结合。

首先，坚持以马克思主义基本原理作为两者结合的根本遵循。这是由马克思主义基本原理的理论品质所决定的。马克思主义是立足资本主义工商业社会而诞生的，是时代精神的总结；同时，马克思主义批判地继承了德国古典哲学、英国古典政治经济学和法国空想社会主义思想，建立在对现代文明高度批判的基础之上，代表了人类最先进的思想精华。而中华优秀传统文化是农耕文明的产物，所以习近平总书记多次指出："我国农耕文明源远流长、博大精深，是中华优秀传统文化的根。我国很多村庄有几百年甚至上千年的历史，至今保持完整。很多风俗习惯、村规民约等具有深厚的优秀传统文化基因，至今仍然发挥着重要作用。"[149] 这些决定了必须以马克思主义基本原理作为两者结合的根本遵循。

其次，"马克思主义基本原理同中华优秀传统文化相结合"的主体必须是且只能是中国共产党人。在纪念孔子诞辰 2565 周年国际学术研讨会上，习近平总书记强调："中国共产党人是马克思主义者，坚持马克思主义的科学学说，坚持和发展中国特色社会主义，但中国共产党人不是历史虚无主义者，也不是文化虚无主义者。我们从来认为，马克思主义基本原理必须同中国具体实际紧密结合起来，应该科学对待民族传统文化，科学对待世界各国文化，用人类创造的一切优秀思想文化成果武装自己。"[150] 这实际上指明，实现"马克思主义基本原理同中华优秀传统文化相结合"，中国共产党人须在坚持马克思主义基本原理指导下，秉持着尊重历史、尊重文化的态度，去实现中华优秀传统文化的返本开新、与时偕行，从而在新时代焕发越发夺目的文明之光。

再次，坚持实事求是，不断发展和丰富马克思主义。毋庸讳言，马克思主义的源头毕竟是来自西方传统的思想学说，初入中国时，缺乏本土底蕴。一代代中国共产党人在推进马克思主义中国化进程中，通过加强马克思主义基本原理同中华优秀传统文化相结合，赋予其民族气度和形式，注入其中华文明的品格与特质，让马克思主义以人民大众耳熟能详的方式浸润心田。《中共中央关于党的百年奋斗重大成就和历史经验的决议》指出："习近平新时代中国特色社会主义思想是当代中国马克思主义、二十一世纪马克思主义，是中华文化和中国精神的时代精华，实现了马克思主义中国化新的飞跃。"其中关键因素即在于以习近平同志为核心的党中央在党的十八大以来善于挖掘中华5000多年文明中的精华，弘扬中华优秀传统文化，把其中的精华同马克思主义立场观点方法结合起来，从而更利于坚定不移走中国特色社会主义道路。这恰恰说明，任何将马克思主义基本原理教条化的倾向都将极大地削弱马克思主义的魅力。

（二）习近平新时代中国特色社会主义思想是中华文化和中国精神的时代精华

中华优秀传统文化是中华民族的根和魂，与马克思主义的许多观点具有天然的、内在的契合性，是中国人民接受并信仰马克思主义的深厚文化基础和心理基础。习近平新时代中国特色社会主义思想既立足于现实的中国，又植根于历史的中国，它以中华文明为源头活水，从 5000 多年璀璨文明中承继人文精神、道德价值、历史智慧的养分，把马克思主义的思想精髓同中华优秀传统文化的精神特质融会贯通起来，成为中华优秀传统文化创造性转化、创新性发展的生动典范。

党的十八大以来，以习近平同志为核心的党中央继续推进马克思主义中国化，将马克思主义基本原理同中华优秀传统文化相结合推向了新的高度、开拓到新的宽度、挖掘至新的深度，构成了习近平新时代中国特色社会主义思想的重要精神内涵。突出表现在如下三个方面。

坚定文化自信，确立了二者在新时代结合的根本遵循。党的十八大以来，习近平总书记站在历史和时代的高度，提出文化自信，并做出深刻论述："文化自信是更基础、更广泛、更深厚的自信，是一个国家、一个民族发展中最基本、最深沉、最持久的力量"[151]，这是一个国家、民族、政党对自身文化价值的充分肯定，对自身文化生命力的坚定信念。对中国共产党而言，文化自信本质上是指对中国特色社会主义文化的自信。我们的中国特色社会主义文化，既具有悠长深厚的积淀和底蕴，又在马克思主义思想的指引下，于现实实践中不断进行文化创新与发展。坚定文化自信，事关国运兴衰、事关文化安全、事关民族精神独立性。这毫无疑问成为马克思主义基本原理同中华优秀传统文化相结合的立足点和着力点，也是习近平新时代中国特色社会主义思想在文化方面的总纲领。实践充分证明，只有用贯穿着辩证唯物主义和历史唯物主义的世界观、方法论来认识、分析、把握、辨明中华优秀传统文化，才能实现二者之间的深度结合。

坚守"不忘本来、吸收外来、面向未来"，指明了二者在新时代结合的重要方针。"本来"是根本、传统和历史，更是本色、底蕴与根基。不忘本来，意味着不能遗忘中华民族的立足之本、精神之源，就必须通过继承创新、推陈出新和守正创新来传承弘扬中华优秀传统文化。"外来"是世界一切的优秀文明成果。吸收外来，就必须秉持以我为主、辩证取舍和洋为中用的方针，不断加强马克思主义的指导地位，持续保持中华文化活力。"未来"是指中华民族伟大复兴的光明前景。步入近代以来，实现中华民族伟大复兴，就成为中国人民和中华民族最伟大的梦想。面向未来，就必须实现中华文明的高度发达、实现马克思主义所强调的"人的全面发展"，就必须用马克思主义观察时代、把握时代、引领时代，同中华优秀传统文化深入结合。

坚持创造性转化、创新性发展，提供了二者在新时代结合的基本路径。党的二十大报告明确提出：推进文化自信自强，铸就社会主义文化新辉煌。该论断首先明确了我们党对中华优秀传统文化的科学态度，即其中蕴含着中华民族的文化精神、文化胸怀和文化自信，能为新时代坚持和发展中国特色社会主义提供精神支撑，从而破解长期困扰文化建设的一大难题。而切入点即是对中华优秀传统文化进行创造性转化和创新性发展。毕竟"中华优秀传统文化与社会主义市场经济、民主政治、先进文化、社会治理等还存在需要协调适应的地方。弘扬中华优秀传统文化，要处理好继承和创造性发展的关系，重点做好创造性转化和创新性发展。创造性转化，就是要按照时代特点和要求，对那些至今仍有借鉴价值的内涵和陈旧的表现形式加以改造，赋予其新的时代内涵和现代表达形式，激活其生命力。创新性发展，就是要按照时代的新进步新进展，对中华优秀传统文化的内涵加以补充、拓展、完善，增强其影响力和感召力"[152]。其次，巩固了我们党对中华优秀传统文化的既有成就。中国共产党人是马克思主义者，坚持马克思主义的科学学说，坚持和发展中国特色社会主义，同时始终是中华优秀传统文化的忠实继承者和弘扬者，百年来对传统文化的因革损益、去粗取精，既体现了文化的继承性和传承性，又体现了文化的发展性和变革性，实际上也归属于马克思主义中国化的历程中。再次，揭示了二者结合的实践路径。中华优秀传统文化是中华文明绵延不绝的源头活水，与时代同步伐，与人民共命运，关注和回答时代和实践提出的重大课题，是马克思主义永葆生机活力的奥秘所在。

100 余年来，中国共产党推进马克思主义中国化时代化不断取得成功，从毛泽东开创性地将马克思主义基本原理同中华优秀传统文化进行深相结合，到中国特色社会主义理论体系拓宽了马克思主义基本原理同中华优秀传统文化相结合的宽度和广度，再到习近平新时代中国特色社会主义思想全面实现了马克思主义基本原理同中华优秀传统文化相结合的创造性转化、创新性发展，形成中国化马克思主义、

21 世纪马克思主义。理论创新之成就，可谓硕果累累且来之不易。在第二个百年奋斗目标新征程上，我们当始终洞察时代风云，把握时代大势，站在人类发展前沿，积极探索关系人类前途命运的重大问题，继续推进马克思主义基本原理同中华优秀传统文化有机结合，久久为功，期有大成，为应对当今世界全球性挑战、解决人类面临的共性问题贡献中国智慧、中国方案、中国力量。

大道
相
成

戴熙宁　北京大学经典与文明研究中心秘书长

第五章

文明视域下的中国式现代化

问题意识

当今世界面临的大变局是三重大变局叠加。

从中国近代以来的历史视域来看，大变局是中华民族遭受西方列强侵略而"以夷变夏"，在历经国家"站起来"、人民"富起来"之后，终于回归文明自信、走向文明"强起来"并将"以夏变夷"的历史节点——这是百年未有之大变局。

从世界近代以来的历史视域来看，大变局是西方文明在海外殖民扩张的基础上崛起并主导全球政治、经济、科技、文化的发展方向后，全球主导力量和发展格局由"西"向"东"倾斜的历史节点——这是五百年未有之大变局。

从人类文明整体演进的历史视域来看，大变局是人类文明轴心时代之后，东西方文明因应经济"全球化"大碰撞大交流而走向大创新大发展并最终朝向大融合大一统的历史节点——这是两千五百年未有之大变局。

当今世界"大变局"是上述三重变局的叠加，其动力机制密切关乎"文明"。"大变局"的方向则是"新文明"（人类文明新形态），主导"新文明"构建的则将是中华文明。

习近平总书记在庆祝中国共产党成立 100 周年大会上指出，我们"推动物质文明、政治文明、精神文明、社会文明、生态文明协调发展，创造了中国式现代化新道路，创造了人类文明新形态"；之后，在党的二十大报告中指出："从现在起，中国共产党的中心任务就是团结带领全国各族人民全面建成社会主义现代化强国、实现第二个百年奋斗目标，以中国式现代化全面推进中华民族伟大复兴。"

推进中华民族伟大复兴，实质是推进中华文明伟大复兴。"中华民族"是以"文明"认同融合凝成的"民族"，不同于西方民族国家形成过程中主要以种族和语言认同形成的"民族"。现代化，实质也是文明化进程。中国式现代化，是本于中华文明传统同时汲取西方文明精华而开拓的现代化道路，是中华文明因应"现代化"实现的创新发展，本于"天下"理念，构建"人类命运共同体"，创造了"人类文明新形态"。中国式现代化的指导思想，是中国化的马克思主义。中国式现代化的进程，就是马克思主义同中国具体实际相结合、同中华优秀传统文化相结合的进程。可见，在"文明"视域下，中华民族伟大复兴、中国式现代化、马克思主义中国化、人类命运共同体与人类文明新形态，是"五位一体"的："中国式现代化"是历史进程，"马克思主义中国化"是指导思想，"中华民族伟大复兴"与"构建人类命运共同体"是基于中华文明观的发展目标，"人类文明新形态"则是基于世界文明史的方位判断。

上述"五位一体"说，是在世界文明的整体进程中理解中国的发展道路，也是在中华文明的天下视域中洞悉世界的历史进程，有利于更全面更深入地理解把握中华文明复兴的内在潜质和历史大势（同时也更全面更深入地理解把握西方文明演化的内在局限和当今困境），有利于阐发弘扬中华文明中可久可大的文化要素，有利于建立中国特色、中国风格、中国气派的学科体系、学术体系、话语体系，为中国式现代化、马克思主义中国化、中华民族伟大复兴、人类命运共同体构建、人类文明新形态实践提供有力思想支撑。

二

何谓文明？

文明是可久（时间延续）可大（空间扩展）的文化。

一种文化若利于更大地域更多人口的延续，通常被认为更"文明"。如，一种文化仅适于一个组织、一个小国，或仅限于少量人口，或仅存续了较短时间，相较于一种适于更多组织、更多国家、更多人口、存续了更长时间的文化，通常认为后者更为"文明"。也就是说，文明程度可根据时间（天）、空间（地）和人口（人）三要素进行测量比较。

文化（文明）要素由表及里可分为五层次：一、器物形态（与生产生活方式），二、制度体系（与社交协作模式），三、价值观念（与精神信仰模式），四、思维方法（与知识体系），五、语言文字。文化（文明）就是上述五层次要素的整体构成。

上述由表及里五层次的基本关系是：外层的要素必基于内层的要素而生发。即一个文明社会的器物形态与生产生活方式，必基于其政治、经济、文化、教育等制度体系与相应的社交协作模式（人类进入文明最主要的标志便是社会分工分层，由此而有政经文教制度体系与社会分工分层协作体系）而生发；其制度体系则又必基于一套价值观念（其最核心部分现代学术称为"宪法原则"）而生发；其价值观念又必基于一套思维方法与相关知识体系而生发；而思维方法又必基于其语言文字而生发。上述由表及里五层次，愈内在，则愈稳定。

文明的交流吸纳过程一般也遵循上述由外而内的次第。如近代以来，西方列强侵入中国，中国学习和吸纳西方文明的过程，就是先学西方的"器物"，继而学西方的"制度"，再而学西方的"文化"，大体也是先导入"价值观念"，继而导入"思维方法"与"知识体系"，并导致汉语言文字的巨大变化。

基于文明视域阐释中国式现代化，就是基于上述文明的结构模型，由外而内地阐释中华文明从器物形态（与生产生活方式）到制度体系（与社交协作模式）到价值观念（与精神信仰模式）再到思维方法（与知识体系）以及语言文字等层面，结构化体系化地吸纳西方"现代化"文明精华，特别是在思维方法和知识体系层面汲取马克思主义精华，实现中华文明传统创造性转化、创新性发展，推动构建"人类命运共同体"、创造"人类文明新形态"的历史进程和内在机理。

三

西方式现代化与西方文明

从人类文明演进的视域来看，"现代化"是西欧民族汲取中华文明的信息技术（造纸术与印刷术）、能源技术（火药与火器）与交通技术（指南针与造船术）后，由此展开海外殖民与宗教改革，并促生科学革命、启蒙运动、政治革命、产业革命等，由此引发的一系列文明演进。

基于前述的文明结构模型，可对迄今为止的西方式现代化的文明演进作概略性的梳理，如下。

器物方面

形成和发展了一套基于细密分工和机器制造的工业生产体系。

工业体系使人类创造出前所未有的物质财富，极大提高了劳动生产效率和抵御灾害的能力，是"现代化"给予人类文明的巨大贡献。然而，工业体系运行需要耗费巨量的能源与资源，也给人类赖以生存的地球生态环境造成严重威胁。

工业体系的建立与发展则是以相关的制度体系、价值观念、思维方法及知识体系为支撑的。

制度方面

1. 政治领域，形成和发展了一套基于民族国家和民主政治的制度体系

民族国家体系形成的标志是结束欧洲"三十年战争"（1618—1648 年）的《威斯特伐利亚和约》。"三十年战争"实质是西欧民族追逐各自利益的战争。西欧民族国家正是在"发动战争、资源汲取和资本积累三者交互作用"[153] 之下逐步演化形成的，因为"民族国家"是天然的展开殖民经济竞争的利益集团：相同的语言与习俗可大大降低内部交易成本，同时大大增强对外扩张所需的凝聚力。西欧民族就是在对外扩张过程中完成了内部整合而缔造了"民族国家"。

西欧民族国家往外拓展，又"进一步强化了具备这种力量的民族国家相对于所有其他政治实体或其他类型组织的优势地位。而且，在全球权力游戏中竞争的其他国家也发展出了相似的组织形式和相似的耐久力：他们也变成了民族国家——或是出于一种防卫性的反应措施，因为他们被迫反对或对抗某一全球性强权国家，如法国之面对西班牙和后来的英国；或是力图模仿某一强权明显的成功之道和有效措施，如德国仿效世界霸主时期的英国，或如更早时期的彼得大帝以荷兰为样本重建俄国。因此，不仅葡萄牙、荷兰、英国和美国成了民族国家，西班牙、法国、德国、俄国和日本也一一转型"[154]。之后，"那些由各个国家所组成的组织，例如国际联盟，只不过是欧洲范围内的国家缔造进程向整个世界范围的扩展"[155]。再后来的发展中国家通过"去殖民化运动"独立建国，也"不过是借由现存国家联合创造新民族国家的方式进一步完成上述进程"。总之，西方式现代化进程中民族国家体系的构建就是殖民拓展、分立竞争、武力争霸、仿效抗衡并逐步扩散的结果。

在民族国家的形成过程中，民族主义与民主政治息息相关，民族国家本身成为民族主权（national sovereignty）与人民主权（popular sovereignty）互动的产物。民族被视为由主权个人所构成的群体，所有合格的民族成员一律平等。个人自由被视为民族自由的先决条件，而民族自由则是个人自由在国际舞台上的表达。民族国家与民主政治成为西方式现代化国家对外贯彻民族意志和对内保障个人自由的理性工具。

西方的民主政治制度以自由主义为价值基础，强调保障个人的自由与权利。民主是一种程序，个人参与民主，可以而且应该鼓励追求个人利益，而不必追求公共利益。由是，众多个人（或集团）通过民主程序表达一己之私利，最后通过民主程序，达成相互妥协。无论是参与投票的大众还是大唱高调的政治家，参与政治的目的是相同的：为自己或自己的集团、阶级谋求利益。当然，西方民主政治并不否定政治家谋求公共利益，只是其预设是参与政治的所有人都以追求自身利益为前提。

当西方民主国家的选民利益与人类利益产生冲突时，民主国家的制度安排决定了其只能选择与人类利益冲突的选民利益，因为民主国家的合法性来自选民民意的认同。如果民主国家选择了人类的利益，就意味着民主国家得不到选民民意的认同，从而丧失合法性。一旦丧失合法性，民主国家的统治权威就会降低，政治权力就会瘫痪。所以，西方民主国家的政治选择必然是以一国选民的欲望利益为归依。如，美国政府拒不加入保护人类环境利益的《京都议定书》，就是出于国内民意的压力（其实是石油、钢铁、化工、汽车等工业主的压力和大部分美国人不愿降低生活水平的压力）。道理很简单：美国政府由民意产生，民意只考虑自己当下的一己利益，而不考虑自己不能享有的人类长远利益。因此，西方民主政治永远是精妙地维护西方国家民意（其实是欲望利益）的工具，不可能从根本上解决人类永续发展与和谐共生的问题。而且，在一定情况下，甚至会由民主选举产生法西斯极权政治与霸权政治。

2. 经济领域，形成和发展出一套基于私有产权保障和金融资本主导的市场经济制度体系

西方启蒙思想家构建的自然权利体系，宣称人人生来都有天赋的人权，核心就是私有财产权。美国的《独立宣言》和法国的《人权宣言》以宪法形式践行了启蒙思想家的私有产权思想。"绝对的财产权"概念成为西方民法的基础内容，奠定了国家处理私人权利的基本原则："对个人决策自由所进行的任何限制，都必须由那些拥有财产的人所组成的全体大会来决定"；"法律给人照管自己和随心所欲的使用其财产的完全自由"；"政府只有在从为公共利益角度来看是合理的时候，才能对个人活动进行约束"。[156]西方企业的"法人产权"是受"原始产权"的个人所有者委托派生的，归根结底也是"私有产权"。制度保障私有产权，可有效约束经济侵权行为，激励积极追求个人经济利益。

英国光荣革命之后推行国债制度和央行制度，则确立了金融资本的主导地位："过去英国国王以人身对财政负责，公私不分。……私人财产权之没有保障，尤其是争论之渊薮。1694 年英伦银行（Bank of England）成立……此后国家财政数字之短绌，属于国债

（national debt），并且预先将国债定为一种制度，开'赤字财政'之门。"[157] 资本家名正言顺地成为国家的债权人，因而也成为操纵国事的主导力量。正如法国历史学家布罗代尔所说："资本主义之成功，端在它与国家互为一体，它（本身）即成为了国家。"[158] 由此，国家进入资本家时代，资本家成为国家之主人，国家一切以他们为本位。[159]

微观层面的私有产权保障和宏观层面的金融资本主导成为西方式现代化的经济制度基石，因而西方式现代化实质就是资本主义的现代化。在资源环境宽松的条件下，资本主义现代化可通过有效保障所有者经济利益，推动其积极创造财富，提高资源配置效率，降低市场交易成本，还可通过金融创新刺激消费扩张、技术创新与产业升级，促进劳动生产率的提升。但是，私人资本主导的经济扩张也造成社会贫富的愈趋扩大。而且，资本的全球化扩张也导致地球生态环境愈趋恶化，人类文明的可持续发展面临严重威胁。

价值观念方面

西方民主政治与市场经济制度是建基于一套名为信仰自由与价值多元、实则本于个人权利的自由主义价值体系。

自由主义最高的价值是自由。英国政治家、哲学家霍布斯认为，自由是"外界障碍不存在的状态"，是"对立面的阙如"。英国哲学家洛克在《人类理解论》中表达了相同的观点："自由就在于有能力按照自己的意志，做什么或不做什么；做什么或避免做什么。这一点不容否认。"上述自由的基本内涵就是不受约束。而这种不受约束的状态，都是基于纯粹"个人"立场的言说。也就是说，自由的实质是个人主义。

"个人"具有本体性的意义：个人先于社会而存在，个人是本源，社会是派生的，社会是个人的简单集合体，国家和政府是基于个人为了保障自己的权利而组成的。"个人主义"是西方政治学与经济学的立论基础：西方政治学以承认个人追求自身权利的合法性为前提，主张国家和政府源于个人之间的契约；西方经济学以承认个人追求经济利益的合法性为前提，主张个人的理性经济行为通过自由市场交换会导致社会的理性经济行为。"个人"还具有伦理性的决定意义：道德价值本质上是个人的，善恶完全是个人的主观评价，不存在绝对的道德价值。

道德的个人主义源于基督新教。新教"因信称义"的教义，主张个人灵魂得救的唯一渠道是体验上帝的意旨，按照上帝的意旨去努力。然而，上帝的意旨是主观的、虚幻的。任何人都可以将自己内心的理解解释为上帝的意旨。于是，个人的任何信仰和追求都蒙上了上帝意旨的灵光，都具有了神圣性，其结果是：个人精神获得了空前自由，个人意志具有了空前的独立性，是没有上帝的新教而已。[160]

思维方法与知识体系方面

西方民主政治与市场经济制度及其自由主义价值观念的基础，源于其分析还原的思维方法，即将复杂社会分析还原为原子个体，用单个的人作为基本因子返构布局。

分析还原方法可溯源至毕达哥拉斯与欧几里得，牛顿以欧氏

《几何原本》为范本、以分析数学为基础构建的经典力学理论体系，形塑了现代西方文明主客二元的世界观与方法论，欧氏几何与牛顿力学的分析还原方法成为现代西方思维方法的主流，其现代数学与自然科学、社会人文科学及至于政治与经济制度，都是以将客观现象分析还原后所得的"理想点"（几何）、"素数"（数论）、"质点"（力学）、"原子"（化学）、"基因"（生物）、"自由人"（政治学）、"理性人"（经济学）等为原点展开推理而构建，由此发展出一套基于分析还原的科学范式与科学化知识体系，可谓"一以贯之"。

以上基于细密分工和机器制造的工业生产体系，基于民族国家和民选代议的民主政治体系，基于私有产权保障和金融资本主导的市场经济体系，本于个人权利的自由主义价值体系，基于分析还原的科学范式与科学化知识体系，是由西方基督新教国家主导、历经500多年演进逐步完成的，通常被认为是现代化的"标准配置"。

然而，上述"现代化"的文明成果，生发于西方国家独特的资源条件与历史传统，企图将上述"现代化"的"标准配置"生搬硬套地植入，而不顾及自身的资源条件与历史文化，一定难以成功！事实上，纵观当今世界，较好完成了现代化的国家和地区只有两类：一是占有殖民拓展先机的"新教文明圈"国家，包括英国、美国、法国、德国、加拿大、澳大利亚等；二是受到中华文明覆盖的"儒教文明圈"国家和地区，包括日本、韩国、新加坡、中国台湾、中国香港等。这个事实提示我们：从文明的内在结构理解和把握"现代化"和"中国式现代化"，才能理解和把握历史主动。

四

中国式现代化与中华文明

器物方面

迄今，中国已建立一套全要素全产业链的完整的工业生产体系。

中国全要素全产业链的完整的工业生产体系的建立与发展则是以本于中华文明传统的制度体系、价值观念与思维方法及知识体系为支撑的。

制度方面

1.政治领域，缔造了"多元（民族）一体"的"文明型国家"和"一（党）统多元"的民主政治制度体系

西方列强的侵略，使得近代中国面临"保国保种保教"的巨大危机，开启了现代中华民族国家的再造。需要指出，所谓"中华"，在清末受到革命派改造之前，从来就不是一个单纯从血缘上分辨民族的用语，所谓"华夷之辨"或"夷夏之辨"，是指"文明之辨"。为推翻清政府，革命派先是采用狭隘的民族主义来动员民众，鼓动民众反满、排满，甚至提出建立汉民族单一民族国家，当年同盟会的誓词就是"驱除鞑虏，恢复中华"。然而，否定文明内涵、强化种族区别

的民族主义，有悖于中华传统，也脱离了当时的现实。中国当时面临帝国主义势力群狼环伺，边疆又几乎都是少数民族地区，如果坚持建立单一汉民族国家，必将导致中国分裂为多个民族国家。因此，孙中山在民国九年《修改章程之说明》中宣称："民族主义……我们要扩充起来，融化我们中国所有各族，成个中华民族。"孙中山主张满、蒙、回、藏应该同化到汉族中来，成就一"大中华民族国家"。"汉族"，究其历史渊源，并非以种族、语言、习俗等凝聚而成的民族，而是汉代推行大一统礼乐刑政后，因文明融合而成的民族，涵括了秦、晋、燕、赵、齐、鲁、楚、越、巴、蜀等地不同种族、语言、习俗的"族人"。"同化于汉族"，即融合于中华文明。中华人民共和国，承续"大中华民族国家"的内涵，而且更强化了中华民族共同体"多元（民族）一体"的国家认同，"中华民族共同体"实质是"中华文明共同体"。因此，许多研究当代中国的学者意识到现代"中国"与西方传统的民族国家不同，如美国学者白鲁恂（Lucian Pye）、塞缪尔·亨廷顿（Samuel Phillips Huntington），英国学者马丁·雅克（Martin Jacques）等认为中国是一个伪装成国家的"文明"，中国学者张维为则称中国是一个"文明型国家"。

上述中华民族共同体之"多元（民族）一体"国家认同的塑造，一方面是源于中华文明传统之有机延续，另一方面是基于"一（党）统多元"的人民民主之制度保障。

前文曾述，在西方民族国家的形成过程中，民族主义与民主政治息息相关，因为只有推行民主政治，才能真正完成现代民族国家的社会动员与社会整合。近现代中华民族国家之塑造也依循此道。因此，中国近现代政治发展历程被许多学者认为是"民主化浪潮"不断推进的过程："谋求政体改革的变法维新运动"是"第一次民主化浪潮","清末宪政运动"是"第二次民主化浪潮","共和国（中华民国）诞生"是"第三次民主化浪潮","国民革命运动的高涨与南京国民政府的建立"是"第四次民主化浪潮","民主宪政运动的高涨与政党的抗争"是"第五次民主化浪潮"。[161] 然而，上述以模仿西方为主的"民主化浪潮"进程，并没有给中国带来政治秩序的稳定和经济社会的繁荣；相反，带来的却是政争、党争、战争层出不穷，政治混乱，民不聊生。究其根本原因，上述"民主化浪潮"的主体，多囿于当时的社会精英阶层，主要是地主与官僚资产阶级，没有真正代表广大中国人民的利益，因而无法真正完成社会动员。直到中国共产党领导的新民主主义革命，才提出了真正符合最广大人民利益的革命纲领和建国方案，建立了真正合乎中国国情的人民民主专政制度，完成了动员最广大中国人民的历史使命。"没有共产党，就没有新中国"，成为当代中国人民的共同信念。中华人民共和国成立后，实行人民民主专政的国体和人民代表大会制度的政体，实行中国共产党领导的多党合作和政治协商制度、民族区域自治制度及基层群众自治制度。上述社会主义民主政治制度以"人民民主"为本质特征，在本于中华传统政治文明的基础上，汲取西方民主政治的精华淬炼而成。

中华传统政治文明的核心理念是"大一统"。"大一统"中的"大"是动词，表示"尊大""推崇"；"一"是"元"，表示"天元""天道"，对应现代学术术语是"本体"。"大一统"就是主张政治权力一统于"天道"，秉承天地生化养育万物的精神，建立"与天地合其德，与日月合其明，与四时合其序，与鬼神合其吉凶"（《周易·文言》）的政治秩序，成就天人合一、可久可大的文明形态。"大一统"与《中庸》所说的"王天下有三重焉"的王道政治内涵相通[162]。尊"王道"，行"一统"，而不是"统一"。"一统"是通过文明的教化力量来维系整个社会的秩序，来感召周边的不同民族，最后达到大小远近若一的王道理想；"统一"是通过强制的暴力征服来划一原本多元的社会，来强迫不同的民族同一。"一统"是崇高的王道理想，"统一"只是最基本的政治价值。当然，在人类文明演进中，"一统"的王道理想也需要"统一"的制度保障来推行。

在中国古代社会，历史提供的实现"大一统"政治理想的条件是"君主制"。在君主制下，通过建立设官法天制度、三公论道制度、经筵讲席制度、史官实录制度、选贤举能制度、群臣庭议制度、大臣谏议制度等一系列制度，实现了一定程度的"大一统"。但由于君主制强调以君主为中心，加之君主世袭的局限，导致无法充分实现"大一统"的王道理想。

中国共产党创立的以人民民主为本质特征的社会主义民主政治，在废除君主制的基础上，吸纳西方民主制精华，实现了中华文明"大一统"理念的创造性转化、创新性发展。中国共产党不同于西方民主国家中代表不同利益集团博弈的政党，是代表中国最广大人民根本利益的政党。人民民主中的"人民"含义，不同于西方民主政治中以"个人"为本位的人民，而是以"全民"为本位的人民，与中华传统经典中所说的"天视自我民视，天听自我民听"（《尚书·泰誓中》）的"民"相同，包括"先民"（列祖列宗）和"后民"（子子孙孙），而不仅限于现世的"民"，故与"天（道）"相通，是对西方"个人"本位的民意的超越。因此，人民民主的制度建设重在"民做主"（因为"人民"是主体，自然应当家做主），而不仅是"民选主"

（因为"选民"只是个体，不得不通过"选主"来体现民意）。显而易见，"民做主"相较于"民选主"，能够更全面通透地体现民意和落实民意，可以贯穿民主选举、民主协商、民主决策、民主管理、民主监督全过程，实现过程民主和成果民主、程序民主和实质民主、直接民主和间接民主、人民民主和国家意志相统一。中国共产党"代表最广大人民的根本利益"，与中华传统经典中的"天惟时求民主"（《尚书·多方》）的"民主"（民之主，即"领导核心"）相通，"人民民主"和"党的领导"由此成为一体。

在西方民主政治的理论架构中，"党是领导一切的"合法性无法解释，因为从"个人本位"的逻辑基点（个体的"一"）开始推理，政治制度的构建必然基于"民选主"的程序原则，与"党是领导一切的"必然相悖。而依中华"大一统"政治理念的义理架构，从"全民本位"的逻辑基点（整体的"一"）开始推理，政治制度的构建必须基于一个能代表全民的最高权威（"天惟时求民主"）来规范整个政治权力的运行，否则政治权力必将陷于各种局部利益的争夺而导致混乱，上述清末至民国的"民主化浪潮"正是如此。中国共产党"代表最广大人民的根本利益"，理所当然应该"领导一切"。所以，人民代表大会制度、政治协商制度及民族区域自治制度等，都应该"一统"于中国共产党的领导。

中国共产党领导创建的人民民主政权，是中国近现代因应西方列强入侵和西方文明挑战，为实现民族独立、人民解放、国家统一、文明发展，在"顺乎天应乎人"的革命进程中，凝聚了千千万万中华儿女的鲜血和英灵，承接了中华文明的理想和智慧，同时汲取了西方民主政治的精华，融通淬炼而成。要理解"党是领导一切的"，必须将其置于中华"大一统"文明传承发展的历史演进视域，才能深切理解其"是近代以来中国人民长期奋斗历史逻辑、理论逻辑、实践逻辑的必然结果"，才能深切理解中国特色社会主义最本质的特征就是党的领导、最大的制度优势就是党的领导，才能深切理解"中国共产党既是中国先进文化的积极引领者和践行者，又是中华优秀传统文化的忠实传承者和弘扬者"。

2. 经济领域，形成和发展了一套以公有制为主体、多种所有制经济共同发展的社会主义市场经济制度

新中国成立后，党和国家通过没收官僚资本主义经济和改造民族资本主义经济，建立社会主义全民所有制；通过改造个体农业、个体手工业，建立社会主义劳动群众集体所有制，由此确立了以生产资料公有制为主体的经济制度。这是新中国以国家资本为主导推进工业化的基础性制度，是新中国面对当时险恶的国际政治经济环境的必然抉择。

其时，为保障国家安全，中国不得不选择资本密集的重工业优先发展战略，学习苏联的计划经济制度，其主要方法是：由国家高度集中占有各种经济资源，并全环节控制工农业和其他各产业的生产、交换、分配、消费等整个经济过程，提取城乡劳动者全部劳动剩余价值，然后通过国家财政再分配，转化为城市工业资本的原始积累。在农村，通过实行"统购统销"的流通制度和"人民公社"的组织制度，保障处于起步阶段的工业稳定获得低价原材料供应和劳动力简单再生产的食品供给。在城市，通过实行低工资和消费品计划配给，提取工人的劳动剩余价值，转化为工业扩大再生产的投入。通过这种高度垄断集中的计划经济控制，新中国在既缺乏外部市场又缺乏外

来投资的恶劣国际环境中，完成了原始积累。中国经济由传统农业向现代工业转型，发展成产业门类齐全的初步工业化国家。

之后，因应国际政治环境的变化和释放国内经济活力的需要，因势利导推行改革开放，先在农村实行土地承包经营，后逐步放开城镇个体、私营经济及外资经济的发展限制，并学习西方的市场经济制度。迅速发展起来的非公有制经济，成为城镇新增就业岗位的主渠道，对经济增长、国家税收、居民收入、内外贸易、科技进步等的贡献份额持续上升，最具创新创造活力。中国由此形成公有制为主体、多种所有制经济共同发展的社会主义市场经济体系，并在全球经济竞争中彰显独特的制度优势。一方面，鼓励、支持非公有制经济发展，可以激发市场主体创新创造的积极性，充分发挥市场在资源配置中的积极作用，优化要素配置结构，推动经济高质量增长，做大财富"蛋糕"。另一方面，坚持公有制的主体地位，使得国有经济在关系国民经济命脉的关键领域和重要行业居于主导地位，对于建设独立完整的工业体系和国民经济体系，对于增强国家科技实力和国防实力，对于加快基础设施和公共设施建设，对于保障金融、能源、粮食等安全，对于保障民生、抗击重大自然灾害，对于调节城乡、区域、不同群体间的分配关系从而防止两极分化等，可以发挥关键性作用。

上述以公有制为主体、多种所有制经济共同发展的社会主义市场经济制度的形成和发展，一方面，源于特定国际政治经济环境的被动选择以及对"苏式"计划经济制度和"美式"市场经济制度的主动学习；另一方面，则是基于中华文明传统的经济伦理与经济制度。

中华文明传统经济制度的根本原则是"德者本也，财者末也"（《礼记·大学》），意为国家经济社会治理要以得人得心为根本，能得人得心，自然能得财得物，即"有德此有人，有人此有土，有土此有财，有财此有用"（《礼记·大学》）。《说文解字》对"德"的解释是："德者，得也"，"外得于人，内得于己"；段玉裁注："外得于人，谓惠泽使人得之也；内得于己，谓身心所自得。""德"的内涵不是纯粹内心的，而是内外兼修，其最高境界就是内圣外王。《尚书·大禹谟》有更为具化的阐释："德惟善政，政在养民。……正德，利用，厚生，惟和。"大意为：国家经济社会治理关键是要建立惠泽人民的制度，要满足人民对美好生活的向往……遵循公正公平的原则，合理配置利用资源，提高生产生活水平，保障社会秩序和谐及生态环境和谐。

相对于西方的资本主义，上述中华文明传统的经济伦理观念可称之为德本主义。资本主义追求资本持续扩张，而不顾及因此导致的社会贫富分化和生态环境恶化；德本主义则是以文明可久可大和国家长治久安为目标（"正德"），追求经济发展和生活水平（"利用""厚生"）的同时，注重保障社会和谐与生态和谐（"惟和"）。若放任私人资本肆无忌惮追求自身利益，那么，由于资源稀缺，必然导致社会贫富过度分化；同时私人资本势力的扩张与渗透，也必然导致对政府的干预与腐蚀（此乃私人资本走向高层的本能使然），由此必然导致纷争不断、民怨累积乃至社会动乱，即孔子所说的"放于利而行，多怨"（《论语·里仁》）。

因此，基于德本主义经济伦理，中国历朝历代大多通过政府强力干预经济运行，节制私人资本扩张，防止贫富过度分化。春秋时期，齐国首创"官山海"政策，政府垄断制盐业和冶铁业经营，以提高财政收入和抑制私人资本。汉代，实行盐、钱、酒国有专营，设

"平准法"，政府直接贱买贵卖平抑物价，推行"算缗""告缗"等政策抑制社会贫富过度分化。宋代市场经济极为繁荣，但政府对于关乎国家安全与财政支柱的军工、铸钱、制盐、酿酒、制茶等行业同样实行官营，而对于纺织、陶瓷、建筑、造船、造纸、印刷、粮食加工等行业，则基本放任民间自由经营。需要指出，中国古代政府干预经济、节制资本，并非抑制市场经济的发展。从中国古代经济史来看，市场化程度是持续提高的。汉代施行"重农抑商"政策，但"终汉之世，商贾势力不是越来越衰弱，而是越来越强大"[163]。"隋唐商业尤盛，而官吏以经商致巨富亦习见。……然论社会商业状况，宋以下若转较唐前为活泼（市坊制度，皆至宋而废弛。于是有夜市、有草市。此盖都市人口增加，财富旺盛，交通便利，生产力发达，故商业随时随地而扩大。又如唐以前用钱绢，宋、元以下用银钞，皆可见商货交易之后盛于前也）。"[164] 宋代空前繁荣的海上贸易，支配了当时的世界贸易体系。[165] 明代至清代中期，中国的人口、生产、消费和贸易等皆大规模增长，成为当时"世界经济中最大的生产力"[166]。15 世纪直到 19 世纪初，中国一直是世界经济秩序的中心，以白银货币主导了全球经贸体系。[167]

　　中国古代也没有西方资本主义所主张的绝对的私有产权制度。确切地说，中国传统的私有产权应称为族有产权，主要包括两种形式：一种是属于全族成员的公共资产——"族产"，主要用于族人的宗祖祭祀、养老保险、扶贫济困、基础教育等宗族的公共事业；另一种是属于宗族下面的家庭所拥有的"家产"。在宗族内部，家庭对"家产"有充分的使用权及处分权。然而，一旦有家庭要将"家产"（主要是土地房产）转卖或转让到宗族之外，则必须经由相关族人同意。族有产权与西方私有产权的不同在于：私有产权重在保护个人权益，族有产权则重在保护宗族的集体权益，以支撑宗族的自组织，从而保障族群的世代延续。中国现行农村土地集体产权与上述族有产权一脉相承，是保障农村基层自组织稳定的基本性经济制度，也是中国社会经济安全的压舱石。

中国现行的社会主义全民所有制和农村土地集体所有制，可说是对中华传统德本主义经济伦理与经济制度的创造性转化、创新性发展。以此为基础，中国实现了社会主义和市场经济的有机结合：既可以集中力量办大事，迅速完成工业化赶超；又可以促进经济创新活力，促进经济高质量增长；还可以防范资本主义市场经济的弊端，保障全民共享发展成果。

价值观念方面

近代西风东渐以来，特别是新文化运动之后，西方的自由、平等、民主、法治的价值观念广为传播，中华传统信仰的伦理纲常价值观念一度被颠覆和遮蔽。尽管如此，中华文明的传统价值却依然在土壤底层支撑和滋养着中华民族和国家成长。

中华传统信仰的基本观念是"天"。用现代汉语表述，"天"是"演化着的天球生物圈"。孔子对"天"的描述是："天何言哉？四时行焉，百物生焉。"在中国传统认知体系中，"天"是通过整合认知而达到的最大整体，人涵摄于"天"，或曰"天人合一"。

"天"在自然演化的历史中显示出秩序与光明，或曰，显示出"天道"即人类与环境良性互动、永续发展之道，人的最高价值与终极意义就是遵循"天道","参赞天地之化育"（《礼记·中庸》）而臻于"天人合一"，人生的最高境界则是"随心所欲而不逾矩"（《论语·为政》）。欲"参赞天地之化育"，须秉承"天地之大德"。"天地之大德曰生"（《周易·系辞》），"生"最重要的内涵是人类之生生不息、永续发展。欲维持人类永续发展，最重要的是建立良性的社会秩序，秩序乃人类社会之基础，无秩序则社会必然崩溃。社会秩序之建立根本在于"德"。"德者得也，外得于人，内得于己"。"德"统摄了经济与政治的根本原则：在经济上，"德"要求公开公正地"得"，即发展经济建设，保障基本需求；在政治上，"德"要求社会成员皆有所"得"，即维护社会和谐，保证群体延续。顺应天地生生之德，底线原则是"己所不欲，勿施于人"，更高标准是"己欲立而立人，己欲达而达人"，即"仁"，要求推己及人，真诚待人。"仁"在社会演化过程中具化为好的习俗——"义"。"义"之精神内核与"仁"相同，但有内外之别。孟子说："恻隐之心，仁之端也；羞恶之心，义之端也"。"仁"源于"恻隐之心"，是相对内在的规范；"义"源于"羞恶之心"，惧人耻笑，是相对外在的规范。

上述以"天"为本原的"道德仁义"，是中华文明传统的核心价值观念，积淀着中华民族最深沉的精神追求，是中华民族生生不息的底层滋养。本于"道德仁义"价值观念的博厚高明，中华民族可以容融西方的个人本位的自由、人权、平等、民主的价值并超越之。

中华传统信仰的最高价值是"天道"和"天人合一"，最高境界是"随心所欲而不逾矩"；而西方自由主义的最高价值"自由"，追求的人生境界是个人"不受约束"。二者追求"随心所欲"和"不受约束"的境界相通，其本体却大有不同：前者源于人类认知所达最大之整体（"天"），后者源于社会最小之个体（个人），其"最大"与"最小"则分别源于中西方不同的思维方法。"天道"之下的价值是"德"，"自由"之下的价值是"人权"。"德"强调"以义正我"，从而"外得于人，内得于己"；"人权"强调"以义正人"，要求社会对我提供生命、财产保障。"权利"是为了保护自我的利益，源于"自私"，"道德"承认人的基本权利的必要性、正当性，如保障生命、财产的权利，但"权利"只是"道德"的底线要求，只有超越了自私的"权利"，才是有"道德"，如忠孝，就是超越了自私的"权利"的道德。"道德"之下的价值是"仁"，"自由人权"之下的价值是"平等"。前者强调的是源于自然演化与血缘亲情的群性，特别是差等之情；后者强调的是基于现实理性与世俗欲望的个性，特别是平等之利。群性并不排斥个性，差等之情也并不排斥平等之利，而是强调求利要顾及人情，讲求个性也要推己及人。可以说，"仁"追求的是人与人之间的实质平等：一方面，承认人与人之间自然存在的不平等；另一方面，则是强调激发人的善性弥合现实不平等。"仁"之下的价值是"义"，"平等"之下的价值是"民主"：前者基于传统的公序良俗，后者基于现世的理性契约。传统公序良俗不排斥现世理性契约，而是强调契约不能仅顾及现世利益，还应该顾及前人与后人的利益，应该将契约关系扩充到前人（列祖列宗）与后人（子子孙孙）。总之，"道德仁义"容融自由人权平等民主的正面价值，且扬弃个人本位的自私自利。

当今以倡导富强、民主、文明、和谐，倡导自由、平等、公正、法治，倡导爱国、敬业、诚信、友善为基本内容的社会主义核心价值观，正是力图通过融通中华传统价值观念与西方文明价值观念，整合现代社会多元的思想文化，增强民族精神纽带，构建全民团结奋斗、实现民族复兴的共同信念。

思维方法与知识体系方面

鸦片战争后，在西方列强侵略的时代背景下，为了救亡图存，中国知识分子大量引入西方学术。西学主流的思维方法是分析还原，自然科学以此取得巨大成功，并成为工业技术进步的基础。分析还原方法应用于社会科学，形成西方主流的自由主义学说，以个人本位为逻辑基点而展开，如洛克、卢梭、孟德斯鸠等人的学说。然而，因思维方法与价值理念与中华文明格格不入，西方主流的自由主义无法深度融入中国现代化制度建设的历史进程。俄国十月革命后，马克思主义以星火燎原之势在中国传播，成为引领"中国式现代化"的主导思想，根本原因就是其思维方法、价值观念和制度理念与中华文明相通相融。

中华传统学术关注的根本问题是"生"，所谓"天地之大德曰生"，生生不息，或曰"活"。主要包括："群体"的"生"，研究人类社会与文明，主要是儒学；"个体"的"生"，研究人体的生理与病理，主要是中医，并以此为核心统摄"生产""生活"，对应天文、地理、农林、水利、建筑、园林等学科，由此形成了中华文明贯通天人的传统学术体系。其以天地生人（宇宙从简单到复杂演化生成人类社会）、天人感通为根本原理，以天人互动造就的文明演进为逻辑起点，以天人合一、可久可大为最高目标，以系统整合为思维方法，以太极阴阳为基础模型，以儒学"三纲八目"为学理架构的主体。

中华文明的主体为儒家文化，儒家文化的学理体系为儒学，所以儒学为中华传统学术的主体。

"三纲八目"是《大学》提炼出来的。"三纲"是开篇的"大学之道，在明明德，在亲民，在止于至善"，明确学术的根本原则要以"道"统"德""仁（亲民）""义（至善）"，即上文述及的中华文明传统的核心价值，应细化为三个基本目标：第一，构建公开公正的政治经济制度。经济上，合理利用资源，提高生产生活水平；政治上，维护社会和谐，保障永续发展。第二，促进社会和谐，全体人民亲如一家。第三，满足最广大人民对美好生活的向往。[168] 简言之，中华传统学术的总纲，是要建立天人合一的政治秩序、经济秩序、社会秩序和文化秩序，成就天人合一可久可大的文明形态。"三纲"细化为"八目"，即格物、致知、诚意、正心、修身、齐家、治国、平天下。"格物"指面向人类"生生"的复杂演化的事实进行观测，"致知"指整合事实、寻找规律和构建理论。"格物致知"是基于"仰观天文，俯察地理，远取诸物，近取诸身"，"究天人之际，察古今之变"的事实观测积累，通过系统整合的思维方法认识事实的动态关联，构建"摩略万物之然"的理论模型，揭示天地生人与天人合一的规律，可称为物性儒学，学术内容大体对应西学中的自然科学与哲学。"诚意"是指基于对天地生人与天人合一的学理体认达到的心身一体、真实无伪、知行合一的精神状态；"正心"是把天地生人与天人合一的学理作为人生理想，"志于道，据于德，依于仁"，行于义，立志持志"参赞天地化育"；"修身"是朝向理想，在生活中本于"道德仁义"不断修正自己的行为。"诚意正心修身"可称为心性儒学，学术内容大体对应西学中的宗教与神学。"齐家治国平天下"是把天地生人与天人合一的学理由近及远地落实到国家社会治理中，可称为群性儒学，学术内容大体对应西学中的社会科学，特别是政治经济学。"齐家"的核心问题是族有产权及相关制度构建，西方主流经济学的制度学派的核心问题是私有产权及相关制度构建，都是社会层面治理的核心问题；"治国平天下"的核心问题是"大一统""民（之）主"相关制度构建，西方政治学的核心问题是"民选主"相关制度构建，主要关乎国家层面的治理。上述儒学三分法，大体对应文明结构模型中的思维方法与知识体系、价值观念与制度体系三层次。物性儒学、心性儒学和群性儒学分别是中华文明传统思维方法与知识体系、价值观念、制度体系的基础；相应地，自然科学（与哲学）、宗教与神学、社会科学分别是西方文明思维方法与知识体系、价值观念、制度体系的基础。

马克思主义作为批判西方资本主义文明的西学，在汲取了西方文明精华的同时，以其思维方法的革命，重建了一整套关于人类文明发展的学术范式与知识体系。

唯物辩证法是马克思主义的思维方法，与儒学的格物致知法高度一致。"唯物"所批判的"唯心"，可以溯源至毕达哥拉斯、德谟克利特和柏拉图的纯粹思辨的方法，并一脉相传到康德和黑格尔等，它以"数""原子""理念""物自体""绝对精神"等作为世界的本原，以"逻各斯"为世界的规律。上述"本原"不包含经验成分，而是意识自身的先验展开，并且认为此先验之展开，正是世界本质的呈现。马克思主义的逻辑起点，就是基于对上述纯粹思辨的批判："在思辨终止的地方，在现实生活面前，正是描述人们实践活动和实际发展过程的真正的实证科学开始的地方。"[169]并宣称纯粹思辨的知识是"关于意识的空话……它们一定为真正的知识所代替"。[170] 马克思构建"真正的知识"的起点是"人们的实践活动和实际发展过程"，与儒学的逻辑起点如出一辙，即直接面向（或统观）人类"生生"的复杂演化事实——"格物"。用什么方法把握人类"生生"的本质和规律呢？马克思提取黑格尔唯心辩证法的"合理内核"而成唯物辩证法："辩证法在对现存事物的肯定的理解中同时包含对现存事物的否定的理解，即对现存事物的必然灭亡的理解；辩证法对每一种既成的形式都是从不断的运动中，因而也是从它的暂时性方面去理解；辩证法不崇拜任何东西，按其本质来说，它是批判的和革命的。"[171] 上述关于"对立统一"的论述与儒学经典《周易·系辞》的"一阴一阳之谓道"，"变动不居，周流六虚，上下无常，刚柔相易，不可为典要，唯变所适"的意涵几乎相同。"辩证法一方面是方法，是思想的方法，是把握实在的方法。辩证法一方面又不是方法，而是一种直观，对于人事的矛盾，宇宙的过程的一种看法或直观。"[172] 儒学致知以"太极阴阳"为基础模型，也可至"无思也，无为也，寂然不动，感而遂通天下之故"的直观。"对立统一"是辩证法的核心，它既是方法论，也是世界观。"阴阳之道"是致知法的核心，它既是方法论，也是世界观。

方法论和世界观的相似，导致马克思主义的价值观念与儒学的价值观念相通。基于整体的动态的关联的思维方法，而不是局部的静态的割裂的思维方法，马克思主义和儒学都强调人的本质的社会属性而否定"个人本位"。马克思认为"人的本质不是单个人所固有的抽象物，在其现实性上，它是一切社会关系的总和"。儒学认为人的本质是"仁"，每个人的生命成长必然是在父（母）子（女）、兄弟

（姐妹）、夫妻、朋友、君臣的"五伦"关系中才得以完成。二者都强调"人"的社会属性，因而都主张通过构建完善的政治经济制度来促进人性的完善。面对资本主义社会中"肉体的奴役、精神的摧残、温和的征服、疯狂的掠夺、卑鄙龌龊的投机、骄奢淫逸的生活、血腥无耻的镇压和穷凶极恶的阴谋"，马克思主义追求共产主义理想，希望建立"自由人的联合体"或者"自由王国"以实现"一切人的自由发展"、全人类彻底解放。面对春秋时期的礼崩乐坏、社会动荡，儒学追求大同理想，希望建立"大道之行也，天下为公，选贤与能，讲信修睦"的制度，"使老有所终，壮有所用，幼有所长，矜寡孤独废疾者皆有所养"。在最高价值层面，马克思主义主张的人的自然化和自然界的人化的历史地统一，也与儒学的"天人合一"理念趋同。[173]价值观念和社会理想的相通，使得马克思主义与儒学对于社会制度构建的基本理念相通。马克思主张的社会主义，"应设定一生产模式或一社会组织，使人在其中可以克服异化"，在生产力得到极大提高的同时每个人也得到全面发展。而儒学主张的德本主义，强调"德惟善政，政在养民。……正德，利用，厚生，惟和"，与社会主义理念内在趋同。

马克思主义与儒学在思维方法层面的相通，导致了二者在学术范式、知识体系、价值观念与制度理念层面的百虑一致、殊途同归，使得马克思主义在中国式现代化的历史进程中成为根本指导思想，并与中国具体实际相结合、同中华优秀传统文化相结合，融入了中华文明历史发展的血脉。

综上，中国式现代化是本于中华文明传统而结构化体系化地吸纳西方现代化文明精华的历史过程。外在突出体现为建立了一套全要素全产业链的完整的工业生产体系，内在则经历了从制度到价值观念到知识体系的复杂的文明重构。在政治层面，缔造了"多元（民族）一体"的"文明型国家"和"一（党）统多元"的民主政治制度，在汲取西方民主政治精华的同时，基于"大一统"理念扬弃了狭隘的民族主义，基于"民做主"的制度创新扬弃了有民粹倾向的"民选主"制度。在经济层面，形成了一套以公有制为主体、多种所有制经济共同发展的社会主义市场经济制度，在汲取西方市场经济精华的同时，基于德本主义扬弃了资本主义，避免了"资本至上"导致的物质主义、消费主义与两极分化。在价值观念层面，本于"道德仁义"的博厚高明，容融了西方自由人权平等民主的正面价值而扬弃了"个人本位"的自私自利。在思维方法和知识体系层面，一方面引入基于分析还原思维方法的西方自然科学技术知识作为工业技术发展的基础，另一方面引入基于系统整合思维方法的马克思主义作为社会动员和制度重建的思想基础，与中国具体实际相结合、同中华优秀传统文化相结合。由此，中国通过几十年和平发展，让14亿多人口整体迈进现代化社会，规模超过现有发达国家人口的总和，并积极推进全体人民共同富裕，推进物质文明与精神文明协调发展，推进人与自然和谐共生，创造了中国式现代化道路，创造了人类文明新形态。

中国引领世界转型

近代以来，主导世界历史进程的是以新教为底色的资本主义文明。

资本主义文明以分析还原思维为主流认知方法，并以此为基础形成了主客二元的世界观与个人主义的价值观，再以此世界观与价值观为基础，形成了强调"工具理性"和"征服自然"的文化体系与制度体系。它以追求物质财富为社会主导价值观念，以追求资本收益为社会运行核心机制，历经几百年的复杂演进，资本主义国家对所有内部成员，提供了以"市场"为主要竞争平台，以"赚钱"（确切说是"借钱生钱"，以"资本"生"利润"）为核心能力的公开公正的社会升层通道。资本主义文明在较大地域（主要在西欧、北美）、较长时间（近 300 年），以相对公平公正的方式，维护了群体的生存延续。但上述群体是以西欧、北美为主的群体，公平公正也仅面向西欧、北美的社会成员，对外则讲强权主义，用丛林规则。

资本主义文明的存续与发展以持续的经济增长为前提。"资本主义的主要特征是一个自我扩张的价值体系，经济剩余价值的积累由于根植于掠夺性的开发和竞争法则赋予的力量，必然要在越来越大的规模上进行。"[174] 如果资本不再扩张，利润不再增长，危机就必然会爆发。因为一旦经济不能再扩张，资本主义社会的升层通道便会淤塞，资本主义制度便失去了整合社会的基础。历史上，资本主义社会历次大规模经济危机都造成了大规模社会动荡，第一次世界大战如此，第二次世界大战也是如此。

资本主义经济的持续扩张是以对能源和资源的持续消耗为前提的。经济增长的实质是通过消耗更多的能源和资源生产更多的物质产品。无节制的经济扩张必然对生态系统造成巨大损害，"资本主义经济把追求利润增长作为首要目的，所以要不惜任何代价追求经济增长，包括剥削和牺牲世界上大多数人的利益。这种迅猛增长通常意味着迅速消耗能源和材料，同时向环境倾倒越来越多的废物导致环境急剧恶化。"[175]

人类基本经济需求得到满足后，经济增长的正反馈与其导致的生态环境的负反馈愈来愈无法平衡，或者说，经济增长的边际效益递减，由此导致经济发展的内在动能愈趋疲弱。

一方面，维持资本主义秩序必须维持经济增长；另一方面，人类的基本经济需求得到满足后经济增长动能趋于疲弱。于是，资本主义文明在发展到一定阶段后必然陷入"发展的悖论"。其结果是，资本主义发达国家需要通过货币"放水"强行刺激经济，遂导致经济泡沫化，这正是 2008 年次贷危机的根本原因。次贷危机之后，欧洲发达国家与日本纷纷实行负利率，却仍然无法刺激增长，证明其经济增长动能已极其疲弱。美国因其在资本主义体系中占有最高生态位，次贷危机之后的货币"放水"催生了股市的泡沫繁荣。

货币"放水"催生泡沫经济，支撑泡沫经济的则是奢侈经济与军工经济。奢侈经济的利润主要来自附加心理价值而非实际刚性需求，其导致的生态环境的负效益远大于经济增长的正效益。军工经济因具高额垄断利润，有助于减缓资本主义经济危机，但"军工复合体"追求利润增长而在全球煽风点火制造冲突鼓动战争，破坏和平发展，加剧了人类的生存风险。

文明，应该有利于较大地域、较多人口的延续。现在，资本主义已趋向于越来越不文明，因为它越来越不利于较大地域、较多人口的延续。

主导世界历史 500 余年的资本主义文明亟须转型！

英国历史学家汤因比通过对历史上主要文明的起源、兴起、衰落、解体过程深入研究后发现，在人类文明史中，中华民族"比世界任何民族都成功地把几亿民众，从政治文化上团结起来。他们显示出在政治、文化上统一的本领，具有无与伦比的成功经验。这样的统一正是今天世界的绝对要求"[176]。因为，西方政治传统是民族主义的，而不是世界主义的，而资本主义的全球扩张却"把世界统一成为一个整体"[177]。人类社会发展需要全球意识，民族国家意志却导致世界纷争。"世界统一是避免人类集体自杀之路。在这点上，现在各民族中具有最充分准备的，是两千年来培育了独特思维方法的中华民族。"[178]

汤因比所说的"独特思维方法"，就是上述儒学格物致知的系统整合思维方法。系统整合思维方法成型于河图洛书（中国的《几何原本》）和周易经传，将"人"视为"天"（宇宙）演化生成因而万物互联、兆民一体的"命运共同体"，由此形成"天人合一"的世界观与"和合共生"的价值观，再以此世界观与价值观为基础，形成强调和谐理性、永续发的制度体系。它以"道德仁义"为社会主导价值观念，追求天人和谐与社会和谐，强调经济社会发展以德为本，旨向永续发展、天下大同，使得中华文明成为人类历史上唯一的持续至今5000多年生生不息的文明。

面对当今世界变局，人类亟须建立新的认知模式、发展模式和治理模式，新模式的根本则必须建基于文明视域。文明的核心是永续发展，因无"永续"，"文明"则将完结。追求永续发展，是中华文明"天人合一"之"道统"（价值传统）；强调"大一统"，是中华文明之"政统"（政治传统）。"天人合一"之"道统"与"大一统"之"政统"植根于中华文明的系统整合思维及传统学术体系——"学统"（学术传统）。

中国式现代化，建基于马克思主义与中国具体实际相结合、同中华优秀传统文化相结合，其根本则在于马克思主义与儒学在系统思维方法层面的内在相通，而有价值观念与制度理念的方向一致。由此，"对立统一"的世界观、方法论得以与"阴阳之道"的世界观、方法论相整合，"共产主义"理想得以与"大同"理想相整合，"人的自然化和自然界的人化的历史地统一"得以与"天人合一"相整合，"中国共产党领导的人民民主"得以与"大一统"理念相整合，"中国社会主义市场经济"得以与"德本主义"相整合……由此，马克思主义得以中国化，并推动了中华"学统""道统""政统"的创造性转化、创新性发展，中国由此得以开创中国式现代化新道路，创造了人类文明新形态。

中国特色社会主义进入新时代后，对内明确经济建设、政治建设、文化建设、社会建设、生态文明建设"五位一体"的总体布局，大力倡导"绿水青山就是金山银山"的绿色理念，以前所未有的力度推动生态文明建设，以保障中华民族的永续发展；对外弘扬全人类共同价值，倡导构建"人类命运共同体"，践行共商共建共享的全球治理观，以促进人类社会的永续发展。

上述本于中华文明传统的中国道路、中国理论、中国制度、中国主张、中国方案，破解了资本主义文明面临的发展困境，超越了西方民族国家传统的丛林法则，昭示了"避免人类集体自杀之路"。其内蕴可久可大的文明智慧，正代表了当今世界文明转型的方向。

第六章

新唯物史观：
历史主体性
与历史规律性的统一

鄢一龙　清华大学公共管理学院副教授，清华大学国情研究院副院长党的十九届六中全会通过的《中共中央关于党的百年奋斗重大成就和历史经验的决议》（以下简称《决议》），是我党历史上第三个决议。党的二十大报告号召全党"坚定历史自信，增强历史主动，谱写新时代中国特色社会主义更加绚丽的华章"。

中国共产党百年奋斗所体现的历史观是马克思主义唯物史观的新发展，是马克思主义中国化时代化的创新性成果，更强调发挥历史主动精神，把握历史主动性，从而赋予唯物史观以新内涵。

经典唯物史观揭示了人类历史发展的客观规律，而中华传统文化是"向内求"的文化，深刻揭示了人的主体性，两者的有机结合就是新唯物史观。中国共产党百年奋斗历程，通过"两个结合"，创新发展了新唯物史观，实现了历史主体性和规律性的统一、历史"合目的性"与"合规律性"的统一。

经典唯物史观

经典唯物史观揭示了人类历史演进的客观规律。

恩格斯将唯物史观称为与剩余价值并列的马克思两大发现，并将其看成与自然界的进化论、能量转化定律等量齐观的人类历史发展规律，[179] 可见唯物史观在马克思主义理论体系中的重要地位。唯物史观是马克思、恩格斯"多年诚实研究"[180] 而提出的人类历史发展规律，最早在《德意志意识形态》系统阐述，后来又基于《政治经济学批判》《资本论》《1848 年至 1850 年的法兰西阶级斗争》《路易·波拿巴的雾月十八日》《德国农民战争》《家庭、私有制和国家的起源》《反杜林论》《路德维希·费尔巴哈和德国古典哲学的终结》等哲学、政治经济学、历史学著作，"从个别上升到一般"[181]，从批判走向建构而形成的。

唯物史观将头脚倒立的唯心史观重新颠倒回来，历史不再是精神现象、绝对观念的展开，而是"现实的人及其历史发展的科学"[182]，是"描述人们实践活动和实际发展过程的真正的实证科学"[183]。唯物史观从人类社会一个简单事实出发，"人们首先必须吃、喝、住、穿"，才能从事其他活动。[184] 因此，人类社会的第一历史活动是"生产自己的生活资料，同时间接地生产着自己的物质生活本身"[185]，"历史中的决定性因素，归根结蒂是直接生活的生产和再生产"[186]，在此基础上才有社会状况、意识的历史，是存在与生活决定了意识，而不是意识决定存在与生活。基于这一基本逻辑，唯物史观将生产力与生产关系，经济基础与上层建筑这两对矛盾作为历史分析主线。生产关系历史变动从属于生产力历史发展，上层建筑历史变革从属于经济基础历史变更。[187]而由"生产关系和交换关系"所决定的不同阶级之间斗争构成了"历史人物表面动机与真实动机"背后的历史基本动力。[188]

与此同时，要避免将唯物历史分析变成经济是唯一决定因素那种"毫无内容的、抽象的、荒诞无稽"空话。[189]人类历史本体不是社会结构变量，而是人类具体历史实践，社会结构构成了人类"自己创造自己历史"的客观前提，经济因素只是第一前提，而人自身才是历史实践的能动主体，历史是无数具体"自觉的意图""预期的目的"人的活动，这些目的性活动之间的斗争构建了影响历史进程的"无数个力的平行四边形"[190]。不能将生产力与生产关系，经济基础与上层建筑这两对矛盾机械地理解为"有什么样生产力就有什么样生产关系"，"有什么样经济基础就有什么样上层建筑"，由于实践的主体性、能动性、复杂性，这两对矛盾在实际历史进程中更多表现的是"平衡和不平衡"的动态关系。

建党百年历史不是观念展开的历史，不是一幕幕"政治悲喜剧"的历史，更不是"帝王将相"世系纪传的历史，而是中国共产党带领中国人民进行不懈实践斗争的历史。百年奋斗重大成就，不是从天上掉下来，也不是任何人恩赐，而是中国全体人民具体实践斗争取得的。这种实践斗争首先是在物质领域展开的，正是通过不同阶段的具体实践斗争，改变了中国所面临的物质条件，从而从根本上改变了中国人民的境遇，迎来了从站起来、富起来到强起来的历史性飞跃。"生产力与生产关系、经济基础与上层建筑的平衡与不平衡关系"[191]是贯穿百年历史的一条红线。

经典唯物史观承认分散个体的历史能动性，但是不能理解为整体意义上的历史自觉能动性，更不能理解为历史主动性。追求特定主体的目标实现受到各种条件限制，经常是落空的，同时不同主体动机相互冲突，"无数的个别愿望和个别行动的冲突，在历史领域内造成了一种同没有意识的自然界中占统治地位的状况完全相似的状况"，从表面上看，其与自然界一样都是受到偶然性支配的，而历史规律与内在动力，也不能从历史人物的"表面动机和真实动机"中去寻找，而是要发现动机背后的历史动因，而这些因素同样是和自然一样的客体性因素。[192] 社会经济形态变迁不过是一个"自然历史过程"[193]。创造历史的个体虽然具有能动性，但是整个历史结果，却是"一个作为整体的、不自觉地和不自主地起着作用的力量的产物"[194]。

正如习近平总书记指出的："历史发展有其规律，但人在其中不是完全消极被动的。"[195] 历史不只是客观变量决定的进程，同样取决于实践主体的主动性与创造性，不从主体方面、思想关系、精神世界来认识历史进程，其科学性基础是不完整的，很多时候会陷入机械的科学主义。例如，个体能够表现出超越其阶级属性的主体性，科学社会主义的创始人马克思、恩格斯本人，"按他们的社会地位来说，也是资产阶级的知识分子"[196]，而中共早期领导人大多也并非出身于工农阶层。同时，不从中国共产党与中国人民的主体性来理解，我们就无法理解中国为何能够跨越发达资本主义的"卡夫丁峡谷"直接建设社会主义。同样也无法理解，中国如何能够在一个全球资本主义体系中，在一个资本逻辑占据支配地位的市场经济环境中建设社会主义。[197]

二

"向内求"：中华传统文化对于主体性的追问

中华传统文化主要路径是"向内求"而非"向外求"，第一追问不是世界是什么，而是我是谁。西方"向外求"路径，发现了客体，发现了科学方法与客观规律，而中国"向内求"路径，发现了主体，发现了内修方法与内证境界。当然，主客体二者不能孤立存在，不过是各有侧重而已，正如习近平总书记曾指出的，传统中国哲学习惯于以人为出发点并以人为落脚点来认识事物，是"人—物—人"的思维框架，这与西方哲学的"人—物"和马克思主义哲学的"物—人"的思维框架与认识路线是明显不同的。[198]

王阳明格竹子的著名故事可以很好地说明"向内求"与"向外求"的区别。王阳明年轻时按朱熹解释"致知格物"——"众物必有表里精粗，一草一木，皆涵至理"。他就和一个朋友一起去格亭前的竹子，不但没有格出什么道理来，反而因为劳神而致疾，他朋友三天就累倒了，而他自己七天也累倒了。后来他在贵州龙场悟道，才明白格物致知不是"向外求"，而是要"向内求"，"方知天下之物本无可格者，其格物之功，只在身心上做。决然以圣人为人人可到，便自有担当了"。"内求"的结果是什么呢？他发现了自身主体性，发现了内在的我，或者用王阳明的话说"我心光明"，良知良能，是"无善无恶是心之体，有善有恶是意之动，知善知恶是良知，为善去恶是格物"。

"内求"是中华文明基本路径，把主体作为在世界寻找安身立命、建设这个世界的根基。儒释道三家都是如此，不过是显隐之间，出世与入世各有侧重，佛以修心，道以修身，儒以应世，这三种学问之间相互补充。个体就只有一个身，一个心，所面对的就是世界。儒家强调入世的方面，佛家和道家强调出世的方面。佛家更倾向人的心理方面，道家更强调生理方面，儒家强调家庭与社会生活。中国人又发现这三个方面，可以"道通为一"，可以统一在一个人身上，因此是"说一会道，讲一会禅，三家配合本如然"。

儒家讲"自天子以至于庶人，壹是皆以修身为本"。《大学》提出的"明明德""亲民""止于至善"三纲领，"格物""致知""诚意""正心""修身""齐家""治国""平天下"八条目，本质上是德性为本的文化。德性是人生最大的财富，它是我们"向内求"之后所得到的主体性财富，也就是《易经》里说的"君子黄中通理，正位居体，美在其中，而畅于四支，发于事业，美之至也"。有了这些德性之后，就如同正位居体，光明的正能量在身上，身体也会健康，再发于事业，事业也会顺利，家庭也会和睦。德性是最核心的正能量。《易经》中的乾卦有六个阳爻，六个爻都是指龙。龙六种德性，也是君子的六种德性。君子的第一个德性——潜龙勿用，遁世无闷，要甘于寂寞，要沉潜自己。它跟《易经》里另外的一个遁卦是对应的，遁卦里面讲遁的几个好处，有好遁、嘉遁、肥遁，意思是你躲起来没人找你，接受营养，闷声发大财。君子的第二个德性是什么？见龙在田，普施其德，天下文明。君子独善其身还不行，还得兼济天下，得有担当，得给社会做贡献，见龙在田之后才有天下文明。第三个爻就是龙王三太子的德性——君子终日乾乾。自强不息，是天德，朝夕惕厉，自己不断磨砺自己，不断提高自己，不断改进自己，就好像天一样。天就是无时无刻不断在运行，一个君子也不能懒惰，每时每刻他都得提醒自己，都得积极向上。龙王三太子在《西游记》里面就是白龙马，它实际上是一个人意志力的表现，意志力就是你的德性，使你能够不断地努力。要是一匹普通的马，唐僧骑着到不了西天，取不了真经，因为一路上会碰到各种困难，会遇到各种妖魔鬼怪，因此需要龙马，需要坚强的意志，才能有可能踏平坎坷成大道，一路不断向前。君子的第四个德性——或跃在渊。这是乾卦的第四爻，跃跃欲试，自试也，进德修业，欲及时也。九四爻位置是不正的，在你没有得到一个合适位置之前，要不断尝试，不断去争取，不能"躺平"，有机会闯一闯，冲一冲。君子的第四个德性，是一个入世德性。九五是什么？它是君子里面最大的德性，这个乾卦的主体，那就是飞龙在天，圣人作而万物睹。君子伟大的德性趋于完美，而且能够感召天下，动天下之心，德性发挥巨大的能量，造就伟大的事业，光明开始普照天下，就是飞龙在天。因为龙飞到天上的时候，天下人都看到了。而且，龙能够乘云气而行，龙跟天的关系是相辅相成的，是君子本体。君子在这个时候显现出来是一个大人气象，圣人气象。内圣外王以为业，君子因其内圣，所以他就显示出外王的事业。九六是亢龙有悔。亢龙有悔是什么呢？有的人认为是不好的。实际上，这也是君子的一个德性。君子认识到所有事物都是物忌全胜、物极必反，居功自傲都会走向它的反面。所以，君子另外一个德性是什么呢？功成而不居。它接近《道德经》里面说的一个哲学了，你可以减一减，不要十全十美。这也对应了谦卦——

唯一六爻皆吉的卦象。

道家更是"向内求"的文化，强调不要让精神力量向外耗散，"五色令人目盲，五音令人耳聋，五味令人口爽，驰骋畋猎令人心发狂"。《庄子》中讲了一个故事，中央之帝浑沌本来活得好好的，却被两位朋友倏与忽认为"人皆有七窍，以视听食息，此独无有，尝试凿之"。日凿一窍，七日而浑沌死。在《西游记》中，孙悟空在取经路上一开始就要打死的六个毛贼，"一个叫眼看喜，一个叫耳听怒，一个叫鼻嗅爱，一个叫舌尝思，一个叫意见欲，一个叫身本忧"。这六个毛贼就是六根，打死就是要关闭六根，视而不见，听而不闻，收视返听，回光返照，让精神力量回到自身。也是在《西游记》第一回，孙悟空要跳到水帘洞里边，跳进去之后会发现"天造地设的一个家当"，这就是主人翁回家。因此，道家"内求"后是找到了"真我"，而这个"真我"是在"虚静"中呈现出来，在虚极静笃中让自我本体呈现出来，对外在、对事物的执着去掉了之后，你才可能真正地虚，才可能真正地静，就像水开始自己澄清一样，本性才能够显露出来。

佛教也是如此的，"向内求"是它的一个基本特点。禅宗有个话头，"频呼小玉原无事，只要檀郎认得声"。这个"认得声"就是佛性的显露，而这个佛性不是从外相上求的，不是从呼唤小玉的声音上去求，而是要"向内求"，因声而得意。有一个禅宗的祖师说，佛性怎么找呢？你拿着一个灯笼往外照，能照到什么呢？你看到的是黑黢黢的大殿。那么要向内照，就是六祖说的"如人饮水，冷暖自知"。内照的结果是什么？就是无我、无形无相的佛性。所以说，所谓佛性说到底就是主体性，因为它没有对象化，所以无形无相，但是并不是空虚的顽空，而是真空妙有，"不是有心，不是无心，不是不见，不是不闻，了了觉知，不着见闻，荡然无住，是名无心"。没有主体性，任何事物都不能显现。

"向内求"和"向外求"会导致两种不同的结果。我们可以看到，这个世界它是有客体的，但是客体需要主体来呈现，"向外求"是在寻找外部的客体，最后形成了科学的一整套方法，改造世界的方法论。"向内求"是要调整自身的主体，所以说它能够为生命提供更合理的归宿。把内求法和外求法有机结合，就能够为我们理解人类真实的历史提供更好的启示。

三

与天争衡：中华文化内在真精神

中华传统文化表面上中正平和，与世无争，诗酒唱和，弦歌一堂，一派岁月静好，其内在真精神却是与天争衡的伟大斗争精神。越到危难关头，这种真精神就越发显露。

中华民族是饱经磨难的民族，"三岁一饥，六岁一衰，十二岁一荒"，历史上，中国经历了无数次的灾难打击。根据灾荒史统计，中国历史上每隔3年就有一次旱灾和一次水灾，中国历史上也经历了许多次的外敌入侵，这些磨难并未能折服中华民族，而是使得中华民族精神得到锻炼，中华民族生生不息，数千年绵延不绝。

中国人不信奉"救世主"神话，而是认为主宰人类命运的就是人类自己。在中国人的观念中，文明世界是人类自己开辟出来的，而非上帝恩赐。盘古开天辟地，女娲补天造人，有巢氏筑木为巢，燧人氏取火，神农尝百草，嫘祖造丝，后稷播五谷，大禹治水，仓颉造字，这一系列传说是对中华先民筚路蓝缕、战天斗地、驯服自然、艰难开创文明的礼赞。

先秦诸子百家中，兵家和纵横家的斗争精神表现得非常明显，其关注点是军事斗争与外交战略斗争，法家学说也充满了斗争精神，基本要义就是要富国强兵。

儒家讲"君子无所争"，讲中庸、和合，但这不是要大家当无原则乡愿、随波逐流俗人、明哲保身庸人。君子无争是不要蝇营狗苟于个人利益之小争，而要进行道义之大争。孔子一辈子栖栖遑遑，如丧家之犬，知其不可而为之，想要恢复"三代之治"，本身就是一个理想主义者在"礼崩乐坏"乱世中伟大的道义抗争，虽然至死没能成功，有"凤鸟不至，河不出图，吾已矣夫"的悲叹，有"麟仁兽也，出而死，吾道穷矣"的悲鸣，但是孔子理想主义的抗争，影响了无数人，塑造了中华文明基本形态。孔子与子路有一段关于什么是强者的讨论。孔子说："君子和而不流，强哉矫！中立而不倚，强哉矫！国有道，不变塞焉，强哉矫！国无道，至死不变，强哉矫！"子路迂腐刚烈更甚于其师，明知于事无补，却"食其食者不避其难"，为了道义而死，"君子死而冠不免"，结缨而死。孟子认为，真正大丈夫是"得志，与民由之；不得志，独行其道。富贵不能淫，贫贱不能移，威武不能屈"。孟子其人其文都充满了斗争精神。韩愈在《原道》里说："博爱之谓仁，行而宜之之谓义，由是而之焉之谓道，足乎己无待于外之谓德。"为了仁义道德，韩愈身家性命都不要了，进谏反对唐宪宗迎佛骨，"一封朝奏九重天，夕贬潮阳路八千。欲为圣明除弊事，肯将衰朽惜残年！"数千年历史，这些为道义抗争的民族脊梁可以说是不胜枚举。同时，我们不但有孔子这种文圣人，我们还有关羽这种武圣人。嘉峪关就供奉关羽，这是中华民族武德精神的象征。

前一段时间，有一句话"我命由我不由天"很流行，是因为《哪吒》这部电影。好多人看了以后，以为这句话来源于好莱坞，觉得中华文化没有这个东西，实际它来源于道家的"我命由我不由天，纵横逆顺莫遮拦"。道家讲无为无争，但是内在真精神却是"到无为处无不为"，"夫唯不争，故天下莫能与之争"，是要大为大争的。道家的生杀恩害之机，不是顺流而下，而是逆流归本，以与天相争衡，贼天之命、物、时、功、神，故能"宇宙在乎手，万化生乎身"。

佛学表面看是很消极，但内在真精神也是无时不争的，对于爱欲牵扯是要如孙悟空打白骨精一样，一棍打死毫不留情，而不是像唐僧一样婆婆妈妈。因此，佛寺常常供奉威风凛凛的四大天王，密宗本尊经常现忿怒相，禅宗有当头棒喝、将军禅，等等。禅宗强调自性自悟、自性自度，不是祈求外力作用，而是依靠自己内在力量，毛泽东评价六祖慧能的《坛经》是劳动人民的佛经，是彻底的唯心论，但突出了主观能动性。[199] 净土宗也是如此，虽然终日念佛，但不是祈求外来佛的接引，而是要声声唤醒"自性弥陀"。

中国兵家思想核心也是如此，我们不但有文圣人，还有武圣人，兵家核心思想也是要把握战略主动。《孙子兵法》说"善攻者动于九天之上"，在唐太宗跟名将李靖的问答里面，李靖说"千章万句，不出乎'致人而不致于人'而已"。这句话的意思是什么？说了那么多，实际上决定战争胜负的，就在于你是被别人牵着鼻子走还是你能牵着别人的鼻子走，也就是你能不能把握战争的主动权。

中华文化有一个很突出的特点，它不相信所谓命运的摆布，它不会躺平，它相信通过自身的奋斗和努力，可以改变自身的命运。"神仙皇帝，也要凡人做。""人皆可为尧舜。""佛即众生，众生即佛。""凡有九窍者，皆可修行成仙。""王侯将相，宁有种乎？"这些回荡在中国历史上激动人心的口号，是中国人的伟大平等观，是中国人相信可以通过自身奋斗逆天改命的浪漫主义宣言。

传统文化中的伟大斗争精神最集中体现在两部文化经典。第一部伟大经典是《易经》。阅读《易经》，我们就可以深深理解，中华文化为何能够数千年来历经磨难，却生生不息，可亲、可久、可大。"作《易》者，其有忧患乎！"《易经》是忧患之作，《易经》爻辞多见"吝""咎""凶""悔""厉"之语，六十四卦中六爻皆吉的只有谦卦。《易经》基本哲学是在重重忧患中，在高度不确定、变动不居的世界中，怎么安身立命，怎么找到光明，怎么居安思危。《易经》对事物变化认识是顺逆互变、福祸相倚的，需卦讲饮食之道后马上就是争讼（讼卦）与武力斗争（师卦），泰（泰卦）极马上就有否（否卦）来，颐（颐卦）养之福马上就有大过（大过卦），而陷入重重逆境中（习坎卦），又会迎来光明（离卦）。天地闭塞（否卦），怎么走出来？要能够同人（同人卦），能同人者，人亦同之，就能够大有（大有卦）。《易经》以天（乾卦）、地（坤卦）定基，以天造草昧的屯卦创业为始，以艰难渡河的既济卦为结，继以尚未过河的未济卦为终，就是要告诉我们，人生天地间，人类社会不过是一个永无终点的应对各种挑战的奋斗过程。

第二部伟大经典是《西游记》。孙悟空就是中华传统文化中斗争精神的化身，前八回孙悟空为跳出三界外、不在五行中的个人自由进行斗争，从地上打到地下，从海底打到天上，打出了"齐天大圣"的名号，虽然被压到五行山下，却并未一蹶不振，五百年后再出世，为了使命和理想而斗争，辅佐唐僧西天取经，一路逢山开道，遇水搭桥，一路降妖伏魔，历经磨难，最终修成正果，成了斗战胜佛。

当然，中华传统文化讲伟大斗争，并不意味着不讲和合、无争、无为、包容，执其一端不过是偏见、边见，而非中正之观，未见全体之美。唯有斗争与慈悲并观，才见其霹雳手段、菩萨心肠；唯有斗争与和合并观，才见其守正不阿、兼容并包；唯有斗争与守雌并观，才见其不可磨灭、刚柔并济；唯有斗争与无争并观，才见其与天争衡、天人合一。

四

从历史能动性到历史主动性

　　毛泽东在《论持久战》一文中区别了自觉能动性与主动性，自觉能动性是"主观见之于客观的东西""自觉的活动和努力"，而主动性则是"行动的自由权，是用以区别于被迫处于不自由状态的"。[200] 中国共产党对于唯物史观的重要贡献在于发展了唯物史观的主体方面，打开了历史主体因素"黑箱"，由分散主体的自觉能动性发展为群体、整体意义上的自觉能动性，并进而通过实践斗争，成为把握自身命运、实现自身目的自由的主动者，从而把握历史主动性。

　　首先，大大发展了实践主体的主观能动性。毛泽东青年时期就深受传统文化的影响。青年毛泽东主张"唯意志论""心力论"，有"我即宇宙""管却自家身与心，胸中日月常新美""人之心力与体力合行一事，事未有难成者"[201]"大凡英雄豪杰之行其自己也，发其动力，奋发踔厉，摧陷廓清，一往无前……决无有能阻回之者，亦决不可有阻回者"[202] 等语。在接受马克思主义之后，毛泽东抛弃了早期观点中的唯心成分，但是其重视主观能动性却是一以贯之的，强调藐视一切困难的革命乐观主义精神；强调只要有了人，什么样人间奇迹都能创造出来；强调在实践斗争中把握主动性，掌握主动权，这些观点深刻塑造了中国共产党。毛泽东的军事战略里面高度强调打得赢就打、打不赢就走，你打你的、我打我的，这实际上都是讲怎么样发挥战略主动性。他在《论持久战》里面提出很重要的"三个性"：一个叫主动性，一个叫灵活性，一个叫计划性。灵活性和计划性实际上都是为了争取这个主动性。他在这里有一句话说得非常好，"战争就是两军指挥员以军力财力等项物质基础作地盘，互争优势和主动的主观能力的竞赛"。实际上，毛泽东一直都突出强调主观能动性。很多人觉得他说"美国是纸老虎""原子弹是纸老虎"这些话不可思议，但他确实是强调人的主观能动性和豪情壮志，也正是这种豪情壮志激发了伟大斗争精神。

其次，发展了群体和整体意义上的自觉能动性。毛泽东主张只要从人所共具的"大本大源"入手，就能动天下之心，"根本上变换全国之思想"。[203] 唤醒民众的觉悟，就能实行民众大联合，令"天地为之昭苏，奸邪为之辟易"。[204] 毛泽东在推动工作的过程中，历来要求尊重、调动并激发人民群众的积极性、主动性和创造性。正是通过党的宣传动员和有效组织，使得分散自觉性能够变为整体自觉性，历史进程不再只是无数相互冲突动机的个体斗争，而是变成有目的、有组织、自觉的实践斗争，不再是和自然界一样盲目的进程，而是能够表现共同意志驱动下的自觉的历史进程。

最后，自觉能动性与唯物史观结合，就能实现"合目的性与合规律性统一"，在伟大实践斗争中把握历史主动。历史主动性是通过实践斗争获得的。近代以来，中华民族的历史也是一部在逆境中挫而复起、衰而复强的"斗争、失败，再斗争、再失败，直到胜利"的伟大斗争历史。在伟大实践斗争中把握历史主动性，不但需要发挥主观能动性，同样也要遵循客观规律，是主客观结合的产物。就如同毛泽东当年指出的，战争主动性客观基础在于战略力量优势，或者在总体力量劣势条件下造就局部力量优势，同时"战争力量的优劣本身，固然是决定主动或被动的客观基础，但还不是主动或被动的现实事物，必待经过斗争，经过主观能力的竞赛，方才出现事实上的主动，或被动"[205]。毛泽东还说："主动权是一个极端重要的事情。主动权，就是'高屋建瓴'、'势如破竹'。这件事来自实事求是，来自客观情况在人们头脑中的真实的反映。"[206] 习近平总书记也强调在把握历史大势、历史规律的前提下掌握历史主动性，"只要把握住历史发展规律和大势、抓住历史变革时机，顺势而为，奋发有为，我们就能够更好前进"[207]。"对历史进程的认识越全面，对历史规律的把握越深刻，党的历史智慧越丰富，对前途的掌握就越主动。"[208]

主体性的锻造

（一）合目的性

行为的目的性无疑是人作为改造世界主体的最重要特点，正是通过有意识地改造世界才使自然界转变成为我之物，但是整个历史进程的"合目的性"却不过是唯心史观中的"上帝意图""自然的目标""绝对精神"等宗教信仰的残余物。一旦回到"现实的人"推动的历史进程，个体相互冲突的目的性，只是提供了整个人类社会平均状态下历史进程的无目的性。因此，我们只能通过共同目的及其实现才能设想关于现实的人的历史进程的"合目的性"。正是通过共同目的，才使得历史实践变成合目的性的自觉性，而不是盲目的自发行动，才使得实践变成有意识的推动社会进步的合力行动，而不是相互抵消的对抗性斗争。

毛泽东说："我们的目的一定要达到，我们的目的一定能够达到。"[209] 习近平总书记说："中国历来言必信、行必果。"[210] 回顾中国共产党的百年奋斗历程，确实表现出"合目的性"的特征，我们看到中国的发展开始写在党的文件、政策、规划上，后面就被写在中国大地上，变成了现实。中国共产党不断制定未来发展目标，并推动这些目标的实现。在革命时期，中国共产党制定的目标代表着中国的一种前途与命运，而国民党代表着另一种。通过伟大斗争，中国共产党实现了新民主主义革命目标，团结带领中国人民建立了新中国。新中国成立后，中国共产党不断制定未来发展蓝图，并将其目标转化为国家目标和人民共同意志，并带领全国人民实现这一蓝图，虽然其中经历了曲折，但是总体上都实现了其发展目标。

"合目的性"还表现为中国能够追求长期的历史目标，这使得历史能够表现持续进步意义的合目的性。中国共产党是使命型政党，能够在历史长河中持续推进中华民族复兴，实现社会主义现代化历史使命。新中国成立以来，虽然历经曲折，但是社会主义现代化目标是一以贯之的。这一横亘百年的大战略，又分为三大战略步骤：第一步是用前 30 年建成了独立完整的工业体系与国民经济体系；第二步是再用 40 年时间，到今天我们全面建成了小康社会；第三步就是未来 30 年实现社会主义现代化强国目标。第三步又分为两个阶段，到 2035 年基本实现社会主义现代化，到 2050 年建成社会主义现代化强国。环顾全球，很难再找到一个国家能够像中国这样，一代接着一代往下干，一棒接着一棒往前跑，为了实现同一个目标而接续奋斗，谱写出一部百年长征的民族现代化史诗。

（二）理论创新

存在决定了意识，同时意识也塑造着存在，理论源于实践，同时又反过来指导实践。认知不同决定了不同行动，在历史实践斗争中，不但是不同群体之间的利益斗争，同样也是不同群体的认知斗争，而认知冲突并非只是来源于阶级等利益的冲突，近代以来不同群体之间的斗争既是利益斗争，也是不同主义、主张之间的斗争。

没有理论主体性，也就不会有实践主体性。列宁曾经深刻地指出，工人阶级的"自发的运动，沿着阻力最少的路线进行的运动"，不可避免地要受到更久远、更全面、有更多传播工具的"资产阶级思想体系的控制"。[211]"自从中国人学会了马克思列宁主义以后，中国人在精神上就由被动转入主动。"[212]马克思主义是属于人民的理论，是为绝大多数人谋利益运动提供指南的理论，正是有了属于自身的理论，人民才摆脱被他者理论控制的被动状态，获得精神上的解放。同样，我们强调理论自信，推进马克思主义中国化理论创新，推进构建扎根中国大地的哲学社会科学体系，也是为了摆脱"自己不能表述，被别人表述"的被动状态，摆脱受到历史更久、更为完备、占据话语霸权的西方理论的控制状态，从而进一步获得理论自主性与实践自主性。

马克思列宁主义经典理论为中国理论创新提供了模板，马克思主义中国化成果不是马克思主义经典作品的翻版，而是马克思主义中国化时代化的持续升级版，能够随着实践发展、时代变化而不断实现认知升级，不断推进理论创新。正是在这种与时俱进的理论创新指引下，中国共产党才能够始终站在时代前沿，引领历史潮流，把握历史主动性。

正确的理论是从实践中来的，通过经验总结能够将感性认识上升到理性认识，将分散的经验上升为系统的认识，从而实现实践到理论的飞跃。中国共产党更是历来注重从历史中总结经验教训。毛泽东形象地说"我是靠总结经验吃饭的"。"欲知大道，必先为史"，历史事实、历史叙述与历史经验也提供了自我身份确证的途径，通过历史回答了中国共产党是谁，中国共产党是干什么的，是从哪里来的、到哪里去的。

（三）精神的力量

历史主体性还在于承认"精神"的力量。正如习近平总书记指出的："人无精神则不立，国无精神则不强。唯有精神上站得住、站得稳，一个民族才能在历史洪流中屹立不倒、挺立潮头。同困难作斗争，是物质的角力，也是精神的对垒。"[213] 实践主体不是机械地反映存在，而是能够主动地、创造性地认识和改造存在，面对同样的处境，有的主体能够起而战之，战而胜之，而有的主体却缴械投降，被动应对，其中差别不在于客体，而在于主体精神力量不同。

恩格斯也曾指出，不能将唯物主义对于人的看法庸俗地理解为欲望动物，"贪吃、肉欲、爱财、牟利"等，而将一切美德都归于唯心主义。唯物主义同样承认"对理想目的的追求""理想的意图""理想的力量""对真理和正义的热诚"。[214] 理想信念力量是非常强大的，习近平总书记说"人民有信仰，国家有力量"，孙中山说"吾心信其可行，则移山填海之难，终有成功之日；吾心信其不可行，则反掌折枝之易，亦无收效之期也"[215]。没有理想信念，任何事业都不能成就；有了理想信念，任何困难都能克服。《决议》高度强调理想信念作用，指出百年道路是把为中国人民谋幸福、为中华民族谋复兴作为初心使命，为了共产主义理想、为了社会主义信念而奋斗的历史。中国共产党的百年历史，固然是一个客观历史进程，同样也是理想信念自我实现的历史，是一部因为相信而看见的历史，理想信念不但照亮了历史，同样也在照亮未来。

实践主体获得精神力量的重要源泉在于历史，实践主体在历史中继承的不单是物质前提，同时还有精神遗产。《决议》同样高度强调精神的作用，全文提到"精神"有40多处，强调要补足精神之钙，挺起共产党人的精神脊梁，并总结了百年奋斗形成的以伟大建党精神为源头的中国共产党人精神谱系。

在马克思主义指导下，中华传统文化中固有的伟大斗争精神，到中国共产党人身上又上升到一个新高度，达到了一个新境界。第一，从分散个体的斗争，变成属于绝大多数人、为绝大多数人谋利益的有组织的斗争。《共产党宣言》指出，无产阶级运动是绝大多数人的，是为绝大多数人谋利益的运动。传统文化中的斗争精神，主要是从分散个体层面而言的，中国共产党领导的斗争是为绝大多数人民谋福祉的斗争，不同于传统的"济世救民"，是将人民组织起来大家共同奋斗，这里召唤的不是个体英雄，而是集体英雄，就如同当年毛泽东说的，人民大众就是上帝。陕西安康曾经有一首民歌，"天上没有玉皇，地下没有龙王，我就是玉皇！我就是龙王！喝令三山五岳开道，我来了！"自从"我来了"，就使得近代以来的中国面貌发生了翻天覆地的变化，"我"就是人民这个集体巨人。

第二，这种斗争是科学理论指导下的，能动的、主动的斗争。斗争过程就是党与人民把握历史主动性的过程，不但是由"物质武器"武装起来，也是由精神武器武装起来的斗争。中国共产党自从有了马克思主义的指导，精神上就由被动转化为主动，而人民自从有了中国共产党领导，精神上就从被动转化为主动，掌握了改变自身命运的力量。

第三，将斗争从精神领域引入具体历史实践中的斗争，成为改造经济社会物质条件的斗争，并进而改造上层建筑的斗争。如同恩格斯所做的评价，"正像达尔文发现有机界的发展规律一样，马克思发现了人类历史的发展规律，即历来为繁芜丛杂的意识形态所掩盖着的一个简单事实：人们首先必须吃、喝、住、穿，然后才能从事政治、科学、艺术、宗教等等"[216]。百年来中国共产党带领人民进行的斗争，正是通过具体改变人民物质条件状况的斗争，才现实地改变了处于物质条件约束中人民的处境。

第四，斗争与团结的中道。敢于斗争与统一战线需要贯通理解，才能正确把握。中为体、和为用。只有既讲斗争又讲团结，才是不偏不倚之见。只讲斗争、不讲团结，那是折腾、内耗、内乱；只讲团结、不讲斗争，那是养痈遗患，是与虎谋皮。我们是以斗争求团结，在团结中推进更伟大斗争，赢取更伟大胜利。

伟大斗争精神已经成为中国共产党的生命要素，中国共产党已经形成伟大斗争的一套完整的哲学、理念、意志、策略与方法，这是我们的宝贵精神财富。

近代以来，中华民族正是依靠伟大斗争精神走出全局性危机。1917 年，风雨如磐之际，湖南一师的青年学子毛泽东在日记中写道："与天奋斗，其乐无穷！与地奋斗，其乐无穷！与人奋斗，其乐无穷！"今天，我们又到了一个伟大斗争的历史时刻，正如习近平总书记指出的，我们"必须进行具有新的历史特点的伟大斗争"，这种植根于中华优秀传统文化，又经过当代中国共产党人升华的伟大斗争精神，必将鼓舞我们取得新的更大的胜利。

新唯物史观

新唯物史观继承了经典唯物史观强调客观现实的部分，同时发展了主体方面，不但从客体方面理解人类社会历史，也从主体方面去理解。马克思在其展现"天才萌芽"的《关于费尔巴哈的提纲》中指出，新唯物主义不同于以前的唯物主义，关键在于不但将对象、现实和感性，从客体的或者直观的形式去理解，也从主体方面去理解，将"它们当做感性的人的活动，当做实践去理解"。[217] 这就意味着作为人类历史本体的并不是作为"人化自然堆积物"的社会结构变量，而是人的实践活动，实践是"环境的改变和人的活动或自我改变的一致"[218]。实践不但改造客观世界，也改造主观世界，是活的历史进程，是联系主客体的桥梁。

实践主体并非一个理性经济人的"黑箱"，而是整个主观世界。这个世界是异常丰富与活生生的，包括目的、感觉、认知、情感、意念、意志和动机等等。主观世界固然是对于现实世界的反映，但这种反映不是机械的物理投射或者数学映射，同时主观世界对于现实世界也构成了投射，能够让主观见之于客观。不将真正的、活生生的人纳入历史分析范畴，见物不见人，就难以完整地认识历史发展的真正动力。当然，我们强调主体性并不意味着回到"自我意识""绝对观念"的唯心史观，历史实践主体的主体性不是通过脱离现实，而是通过现实斗争才得以实现，人的主体性是现实的也是辩证的。正如习近平总书记曾指出的，人的本质在于"人不同于物，却与物结为一体；人以自我为中心，却又只能在他物、他人中去实现自我；人依赖于自然，却又在不断否定自然；人受制于必然，却又享受着自由；人的生命和流动是有限的，却又在追求着无限的未来"[219]。

承认历史动因主体性方面，意味着人的主体性不再是作为一个任性的偶然因素，或者是不自觉的平均数进入历史进程，人的主体性本身就构成了塑造历史进程的直接动因，构成了解释人类历史规律的另一半科学基础。人类实际历史进程不但有客观结构性变量推动，同时还有主体性因素影响塑造了人类历史。人类历史不但是阶级斗争的历史，同时还是主体性斗争的历史，是争夺历史主动权的历史。这种主体性斗争是通过实践斗争而得以现实化、对象化的。主体性斗争的胜利意味着获得了历史主动权，成为塑造历史的直接动因。

实践主体追求特定目的，具有群体或整体意义的自觉能动性实践主体，对于目的性的追求，就是主体对于客体的塑造力量，而实践斗争正是这种主体塑造力与客体阻抗力之间的拉锯战。正是通过这种斗争，才使得客观对象转变成为我之物，而实践主体的目的性也构成了历史进程的目的因。

存在与认识的同一性，不但表现为人能够正确认识世界，也表现为认知能够成功地塑造世界。实践主体具有认知原型，离开认知原型，实践主体不但无法行动，甚至无从认知世界。实践主体的理论构成了其认知原型，这些认知原型决定了其行为模式，而教条主义的束缚就在于无法实现认知突破，经验主义的问题在于无法形成持续有效的认知模型。坚持理论主体性与开放性统一，就在于在坚持认知主体性基础上，不断实现认知的迭代升级。

精神因素构成了主体性激励性因素，主体当然具有利益驱动并形成利益共同体，同时实践主体的理想与信念，情感认同、价值观同样深刻塑造着其行为模式，构成了实践共同体的精神基础，不理解精神力量就无从理解实践主体性。

目标、认知和精神等是对于历史实践主体的主观世界的表述，是作为活的、主体性因素进入历史实践进程中的，它们并不等同于上层建筑意义上的意识形态。马克思、恩格斯在表述上层建筑中的意识形态时，实际上是将其作为一种客体化的人类历史观念堆积物，或者说是一种社会文化结构变量，是树立在经济基础之上的上层建筑中的社会意识形式，并随着经济基础的变更而变革，[220] 是需要由社会经济结构构成的基础来说明的"哲学、宗教、艺术等等这些观念的上层建筑"[221]。

策略与经验构成了连接实践主体与客体的桥梁。实践主体性采取特定的策略来直接指导其行动，越是自觉性主体，其策略越表现出带有特定目的、认知与精神等主体色彩，而策略成功与否需要在实践斗争中加以检验。实践本身就是一所伟大的学校，实践的认知性表现为实践主体能够在实践过程中累积经验，这种经验同样也会塑造其主体性，改变其认知，使其调整目标，并影响其精神。

"一个行动胜过一打纲领。"正是通过行动，实践主体才能改造客观世界，才能实现其主体性的对象化与现实化，而反过来，客观世界又构成了实践主体创造性活动的自然前提、经济前提、政治前提与文化前提。当然，正如经典唯物史观已经指出的，经济因素构成了第一历史前提，生产力与生产关系、经济基础与上层建筑这两对矛盾是推动历史进步的基本矛盾。

历史不只是客观进程，同样也不只取决于社会结构变量的塑造。历史是主观世界与客观世界双向塑造的进程，实践斗争在改造客观世界的同时，也深刻变革着主观世界。历史的斗争是两个历史序列的互动：一是存在，客体构成的序列；二是精神，主体构成的序列，主体客体两个序列的持续迭代就是历史进步进程本身。在具体的历史过程中，这两个序列构成了反射性关系，不但思想力求成为现实，现实同样力求趋向思想。[222] 历史自觉能动性就在于实践主体能够有目的、有组织、自觉地改造客观世界，从而成为变革客观世界的直接动因，同时能够正确地反映客观世界，回应客观世界提出的问题与挑战，不断实现"为我之物"迭代升级，同时实现"我之所是"的迭代升级。

历史进程的被动状况就是主客观两个序列演进过程的发散状态，客观不能达到主观预期，主观不能符合客观需求。例如，冒进主义的主观目标就大大超过了现实可能，而保守主义则是对于客观事实缺乏主体性的顺应，教条主义的认知脱离了客观世界。历史主动性则在于主客观序列演进的收敛，能够实现预期目标，目标意志通过改造世界得以对象化，认知在指导实践活动取得了成功，主观能够见于客观，这是主观到客观的飞跃；改善客体世界状况的需求激发了实践主体的目标与意志，能够正确认识客观世界，把握客观规律，客观能够见于主观，这是客观到主观的飞跃。只有通过这两个飞跃，才能实现"合目的性与合规律性的统一"，才能把握历史主动性。同时由于事物总是不断变化的，这一过程又是无止境的。

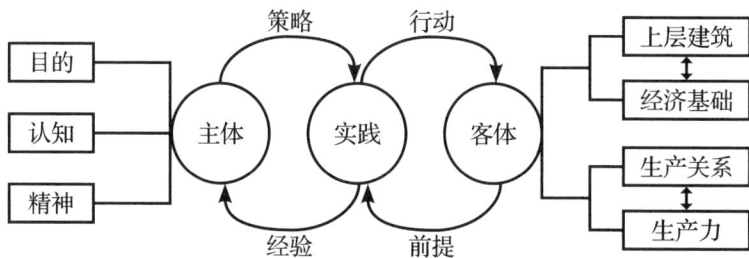

图示 历史自觉能动性的新唯物史观

总之，新唯物史观发展了经典唯物史观主体性方面，从而从不自觉的历史进程转向了自觉的能动历史进程，并进而把握历史主动性。因此，普遍的历史进程不但表现为利益群体的斗争，同样也表现为主体性的斗争，争夺主动权的斗争。而整体意义上的历史实践主体自觉性一旦得以觉醒，就能够成为塑造历史的直接动因，历史进程成为改造客观世界与变革主观世界的双向迭代过程。在这里如同经典唯物史观将实践的客体世界变得现实化一样，新唯物史观也使人的主观世界变得具体化与现实化。人的丰富的主观世界被打开了，主观世界不再是被掩盖在历史平均进程之下，而是回到历史前台，成为推动历史进步的主体性动力。这并没有破坏唯物史观的科学性，而使得其科学性基础更为完整。整体意义上的自觉的主观世界，并非不可捉摸的、任意的偶然因素，它表现为群体、政党、国家的文化与意识形态，是可以认知、可以塑造，并存在"主观运动规律"的。

换而言之，历史主动性不是给定的客观历史规律，而是在实践斗争中通过建构整体意义上的自觉能动性，通过改造客观世界的同时改造主观世界，通过历史进程中的伟大实践斗争而获得的。而只有在这个意义上，人类才拥有了历史进程的"合目的性与合规律性的统一"。*

---

* 本章论述部分内容来源于鄢一龙：《把握历史主动的伟大实践斗争：中国共产党对于唯物史观的新发展》，《哲学研究》2022 年第 11 期。

第七章

为政以德：中华德性政治传统及其当代呈现

孔新峰　山东大学当代社会主义研究所副所长、国家治理研究院副院长，教授，博士生导师

2021 年 7 月 1 日，习近平总书记在庆祝中国共产党成立 100 周年大会上的重要讲话中，在百年党史叙事的开端段落，指出"中华民族是世界上伟大的民族，有着 5000 多年源远流长的文明历史，为人类文明进步作出了不可磨灭的贡献"，随即点明"1840 年鸦片战争"这一转折节点，进而揭示其亦是"实现中华民族伟大复兴"伟大梦想的发轫之机。此中较少为论者阐发却意义重大的一个新式表述，是"国家蒙辱、人民蒙难、文明蒙尘"，此种"三蒙"的提法，让笔者联想到对于儒家文明满怀危机意识的清末士大夫阶层所言的"三保"（保国、保种、保教）。"三蒙"与"三保"的概括，实则"包含着对一个文明的整体性理解，或者说点出了一个文明的三大要素：国家、人民与教化"[223]。唯有将文明 / 教化引入"何谓中国"的讨论中，才能获得一种更为整全的主体意识，进而提升我国的学科、学术与话语体系的原生创制能力。而在历史上源远流长、彻上彻下且在现实中强韧存活的讲求"为政以德"的儒家德性政治观念，堪称中国政治"活着的传统"。如学者王光松所言："在把握儒学与中国现代世界的关系时，人们往往关注儒学在中国现代世界中显性断裂的一面，而对其在现代世界中隐性延续的一面则重视不够。可以说，以追求德性政治为特征的中国政治文化传统主要是由儒家塑造而成的，这一政治文化传统在中国现代世界中并没有伴随科举制的废除、历次激进主义的冲击而退出历史舞台，它仍然顽强地活在我们的现实中。"[224]

近年来，习近平总书记多次引用"为政以德"这一古语。2014 年 5 月，习近平总书记在河南考察时引用"为政以德，譬如北辰，居其所而众星共之"，要求领导干部要加强道德修养；2014 年 9 月 24 日，他在纪念孔子诞辰 2565 周年的讲话中，提到了儒家思想的 15 个方面，其中就涉及"为政以德、政者正也的思想"；2014 年 10 月 13 日，他在十八届中央政治局第十八次集体学习时讲传统中国的治国理政智慧，谈到"为政以德、正己修身"；2016 年 1 月，他在第十八届中央纪律检查委员会第六次全体会议上的讲话中谈到高级领导干部要从自身做起，给下级带个好头，要"为政以德"；2017 年 1 月，他在第十八届中央纪律检查委员会第七次全体会议上的讲话中引用"为政以德、正心修身"；2022 年 10 月，他在党的二十大报告中指出："中华优秀传统文化源远流长、博大精深，是中华文明的智慧结晶，其中蕴含的天下为公、民为邦本、为政以德、革故鼎新、任人唯贤、天人合一、自强不息、厚德载物、讲信修睦、亲仁善邻等，是中国人民在长期生产生活中积累的宇宙观、天下观、社会观、道德观的重要体现，同科学社会主义价值观主张具有高度契合性。"笔者认为，在上述十个核心词语中，尤以"为政以德"[225] 最具统领性与涵摄性，"为政"的主体，既可指向作为个体的政治人，更可指向作为群体的执政集团；"为政"的标准，则既可指向个体政治人的"德行"，更可指向执政集团的"德性"。"为政以德"堪称中国传统政治思想精粹及儒家德性政治理论的核心表达，构成了以中国式现代化创造人类文明新形态的标识理念，理应成为马克思主义基本原理与中华优秀传统文化的重要契合点。

中华德性政治传统的历史与理论脉络

"为政以德"一语出自《论语》。《为政》篇开宗明义讲:"为政以德,譬如北辰,居其所而众星共之。"古往今来,学界对这句话主要有两种解释脉络。第一种解释脉络强调合乎天道(自然规律与人类社会发展规律)的执政。汉代经学家包咸、郑玄均将"德"字解作"无为",南朝儒者皇侃指出"譬人君若无为而御民以德"。这里的"无为",指的是以"德"为引领便能自然建立秩序,如同北极星岿立于中央,众星井然有序绕其而动。朱熹指出:"为政以德,则无为而天下归之,其象如此。"这与道家法自然、反人为的"无为"观念颇为接近。但儒家"无为"思想蕴含鲜明的内在逻辑:由于"德"是为政的根本,恪守根本则能教化民众,统治者正己敬德便可自然抵达"无为"之境。此种"无为"不代表为政者不作为,而是指"志道据德"施行执政行为。第二种解释脉络强调要通过"君德"以上率下,要求执政者首重"修己"方能"安人"。钱穆认为:"德,得也。行道而有得于心,其所得,若其所固有,故谓之德胜。为政者当以己之德性为本,所谓以人治人。"有德之人当政,才能"因民之所利而利之"(《论语·尧曰》),而有德者自身也"必得其位,必得其禄,必得其名,必得其寿"(《中庸》)。新儒家代表人物徐复观认为"为政以德,即是人君以自己内外如一的规范性的行为来从事于政治"，"德"作为"内外如一的规范性的行为"，要求为政者首重"修己"，方能"安人"。两种解释脉络，皆为"政治统一之说"（唐文治语），亦即董仲舒所言的"故受命而海内顺之，犹众星之共北辰，流水之宗沧海也"（《春秋繁露·观德》），都揭示了孔子德性政治理想。正如陈祖为教授所言："简言之，儒家理想社会本质上是伦理或道德的，它没有预设什么最佳的外在生存条件，也不假定某种有利的自然环境或人对大自然的驾驭。儒家理想的唯一内容就是昌盛的伦理道德精神，以及源自这种精神的一系列丰满的社会和政治关系。"[226]

理解"为政以德"的关键，在于准确把握"德"的字义。今人往往将"道德"简称为"德"，要么将其放在不同领域中加以理解，比如说将其分成个人品德、家庭美德、社会公德与职业道德；要么究其实质，认为"德"是在善恶之间懂得孰是孰非、何去何从，强调要对善和恶作判断，要知善知恶、为善去恶，也就是做好事不做坏事，乃至做好事制止做坏事。这是今人理解"德"的两种主流观点。然而，如果揆诸历史，就不会只停留于此般认识。根据《三国志》的记载，夷陵之败后，刘备在白帝城"托孤"时说："勿以恶小而为之，勿以善小而不为"，此处所说的"德"是强调日常要有行善之德，便是今人所习用的道德观，即人要多行善事、少做恶事。但紧接着，刘备又说："惟贤惟德，能服于人"，此言涉及比较深刻的政德思想，指政治领袖需要依靠"贤""德"来让别人信服自己。"德"可为领导者带来正当性，道德号召力可转化为政治号召力。再接着，刘备对刘禅等人说："汝父德薄，勿效之"，此处之"德"，既非为善不为恶之德，也非单纯的"服人"之德，而是与天命相关之人德。《易》有言："德薄而位尊，知小而谋大，力小而任重，鲜不及矣。"此处的

"德薄"和刘备说的"德薄"是一个意思，不是指德行浅薄，而是指缺乏天命。中国文化中有一种"天命观"，中国人相信有天命者可得江山，气数旺盛者不会凋亡。《论语》中"德"字出现 40 次，其中孔子面临危险时曾说的"天生德于予"，也正是其秉持文明自信，相信"斯文在兹"的天命而不惧危险的表现。总之，《三国志》所载刘备的三句话："勿以恶小而为之，勿以善小而不为"，"惟贤惟德，能服于人"，"汝父德薄，勿效之"，正好对应在中国文化地层层层累积、由近及古的三重"德"义。第一重"德"是日常的善恶之德，第二重"德"是政治实践中的"兼人""服人""得众"之品质，第三重"德"则是政治哲学层面的天命和气数，是一种更本质和更古老的存在。前诸子时代的"德"，具有"本质/属性"的语义，春秋后才逐渐具有"美德"含义。"贤"与"德"有其分殊，贤能是德性的外化，"贤"是"德"的外在表现之一。

"德"究竟有何意涵？这是一个貌似习焉不察实则不可不察的重大问题，又是一个被历史与语言流变遮蔽了的艰难问题。诚如林启屏教授所见："组构中国人认识存在世界的重要视域，便是'道德'的视角。……要直探中国文化思想的核心，舍'道德'视域一途，则难以深究其全貌。然而，人类精神文明的发展，自是在历史的进程中展开，是以挟历史江河日下的结果，异时异代的心灵，将各自的意义（创生）活动，杂糅入一共同使用的'论域'之中，此举固然使得内涵更形丰富，但同样地，也会因此带来复杂难别的情形。"[227] 因此，必须对何谓古"德"有清明的认识。北京大学郑开教授认为，"德"实为"前诸子时期"或"前轴心时代"中国的"集体思想"。为便于今人理解殷周中国"德"的概念，郑开将其与古希腊哲学中的 aretē（拉丁文：virtus）并举，认为二者"似曾相识，它们在思想史中的命运也如出一辙"，"人们多主张用'德性'来翻译aretē"，[228] 就此而言"古希腊与先秦哲学家们莫逆于心"[229]。古希腊人将事物的性能、特长称为 aretē，也就含混地囊括了"本质"和"善"的意思。而今人谈论古"德"之时，往往只保留其"善"的意涵，甚至将其单纯理解为诸种"德目"（virtues / moralities），却在很大程度上遗忘了古"德"的"本质 / 属性"（nature）意涵。历史学者黄铭崇指出："'德'的概念根据金文的脉络分析，其意义……是一种家族中跨越时代相传的东西。"[230] "德"的原始概念，接近现代历史学家李宗侗最早揭示的"姓"或 mana。"'马那'实即中国所谓性，亦即姓。"[231] 历史学家斯维至"读书愈广，而愈信德性之说为不可易"[232]，在李宗侗论说的基础上，撰述《说德》长文，判定"德"之本义应为"生"。正如告子所言的"生之谓性""性者生之质"，《说文》所言"内得于己，外得于人"，乃是一种"音训的方法"，正所谓"得其性顺其性也"[233]。借此当可更好地理解，先秦典籍之中为何会多见"天地之大德曰生""生生之谓易""日新之谓盛德""有盛德者必有大业"之类的说法。历史学家王健文曾对古典中国政治中的"德"字做过精细考辨，亦认为其原始意义是"神圣属性"，而具体内容则可以通过"族群传统""祖先家法""立国精神"等得以说明。拥有作为"神圣属性"之"德"者，可正当地拥有土地、人民及权威，而自春秋以降，"德"才经常在道德、善性的脉络中加以使用。王健文称前者为"德性"（作为 nature 的德），称后者为"德行"（作为 virtue 或 morality 的德）。[234] 政治秩序的创生者是"以德受命"，而其后继者则应当"敬慎厥德"，方可保障国祚久长。基于此，王健文又对"国君一体"与"国、君一体"做出精彩阐发。[235] 所谓"国君一体"，即"历代国君，世世承其大祖之正体所构成的一体关系"；所谓"国、君一体"，则是指"国家的社会关系与空间关系所构成的一体"。"'一体'的基本意涵即人的身体，因此前者是着重在子孙为先祖之遗体那样的一体联系，世代继体，解消了时间对先祖正体的局限，换言之，即以空间解消了时间。后者则直接就空间概念（身体的各个部分）论述社会关系。"[236] 追溯了名词词性之"德"所具备的"生—性—姓"的古典义，遂知特定族群特定时段之神圣品质（"盛德"）构成其政治事功（"大业"）的基础，该族群后裔理当不弃不离、永葆初心地宗奉祖考之"德"，以期基业长青（"敬慎厥德"从而实现"可大可久"）。

揆诸历史，"为政以德"虽由孔子提出，但其思想渊源可追溯至中华上古时代。帝喾时代与帝颛顼相比，进步即主要表现为"德"的萌芽，如称帝喾"仁而威，惠而信，修身而天下服"，又称"其色郁郁，其德嶷嶷"，"帝喾之国不仅兼具世俗权力和宗教力量，更有人文精神的滋生，必然是当时文明化程度最高的'中国'"。尧舜时期，进一步出现了"格致诚正，修齐治平"的思想原型。帝尧"亲九族"和"章百姓"的基础都是"驯（顺）德"，"表明萌芽于帝喾时代的德之观念在帝尧时代得到进一步发展"；到帝舜时期，"德政至此臻于完备"，所谓"天下明德皆自虞帝始"，"'以德服人'成为中原华夏文明的基本特征"，"'德'治观念形成，国家统治形态进一步完善，华夏文明的人文底蕴基本奠定"。[237] 大禹治水对于夏王朝的建立具有关键作用，可谓"多难兴邦"的最佳例证，孙庆伟教授结合对豳公盨铭文六次出现"德"字的观察指出：大禹成功的关键不在治水之技，而在于"德"，亦即"以德治水"。"大禹究竟何'德'之有？"可归纳为四个方面：一是注重以"广大区域内集体行动"予以疏导的"技术"，二是拥有"社会资源调配能力"，三是具备"忘我的治水精神"，四是能够"团结天下诸侯"。[238] 及至商代，人们将自身所得归因于上天的施与，并赞美"德"以感恩上天的恩赐，"德"此时成为一种天命观的表达。

殷商覆灭，"天命"也随着德之变化发生了"革命"。王国维认为，殷周之变"自其里言之，则旧制度废而新制度兴，旧文化废而新文化兴"。其中，具有代表性的便是"德"的观念伴随新制度建立而发生了转变：周之所以被天选中取代了殷商，是因周的统治者有"德"，即《尚书》所言"皇天无亲，惟德是辅"。"以德配天"的认识成为周人维护其合法性的重要工具。此外，在商周时期，逐渐形成了以王和王族作为"宇宙中心"的"四方宇宙观"，此观念将地缘上生存在四方的"它"或"方"与"我"或"中"即统治王族区别开来，这种认识帮助巩固了王权统治。王国维认为，殷周之变意味着"旧制度废而新制度兴"，构成至为深刻的"中国政治与文化之变革"，周公制礼作乐的宗旨在于"纳上下于道德，而合天子、诸侯、卿、大夫、士、庶民以成一道德之团体"。"周代之制度典礼，实皆为道德而设。""以德配天"和"纳上下于道德"[239]，乃至通过"明德慎罚""天子建德""兴灭继绝""制礼作乐"等举措，进一步将德性治理的范围由"族内"推展到"天下"，进而实现"纳上下（及四方）于道德"，遂成为周人维护其执政正当性的理据。总之，借助对于前诸子时期"德"的字义及德性政治思想的粗略梳理，可知德性政治的浮现，关键时刻乃在于殷周之际，主要特点是以人文觉醒为表征的政治理性化过程，即从上古时期具有萨满主义色彩、以事神为主的"德"义，走向西周作为宗法文明核心。以人文为导向、以礼乐为载体的"德"义。用历史学者陶磊的话来说则是："德礼政治，是从萨满主义走向礼乐文明的过程中，因为治民的需要而提出的政治文明形态。"[240]

然而，西周末年，天子式微，诸侯彼此征战致使礼坏乐崩，孔子不由发出"天下有道，则礼乐征伐自天子出。天下无道，则礼乐征伐自诸侯出"（《论语·为政》）的喟叹。有学者指出："前孔子时代，中国有两次价值和思想危机，分别是殷周之际和春秋时代。"在此两次危机时刻，"德"之内涵共有四种历时呈现，即"政治层面之德治""个体自身之美德""超越特定层面的纯粹之'德'"（自殷周之际至春秋）以及"从外在进入内在，成为人之内心提升的一种品质"（春秋时代）。[241] 目睹天下四分五裂的孔子，希冀构建上下有序、各处其位的秩序，所急需的恰是一个"德"字，故"为政以德"言简意赅地勾勒出孔子的政治理想：有德者，居中央。为政者有德，就有了感召力、凝聚力；而"譬如北辰，居其所而众星共之"则为处于"宇宙中心"的统治者提出了根本遵循：施德政，安天下。为政者有德，方能"恭己正南面而已矣"（《论语·卫灵公》）。可见，"为政以德"一语中的地揭示了儒家治国理政的核心理念：主张居上位者"敬德尚德""以德配位"，进而克自抑畏、施政以德，达成敦化天下之效用。至此，孔子将象征最高权力的合法性及中心性共同赋予施"德政"之人。在"为政以德"的实践路径上，孔子进一步从"仁"与"礼"两方面设定了标准：在自我修养方面，要做到"志于道，据于德，依于仁"（《论语·述而》）；在社会教化方面，应践行"道之以德，齐之以礼"（《论语·为政》）。在"仁者爱人"的基础上做到"约之以礼"，是孔子给为政者指明的善治方向。通览儒家经典，无论孔子"道之以政，齐之以刑，民免而无耻；道之以德，齐之以礼，有耻且格"（《论语·为政》），强调德治优于刑罚之处，还是孟子"以不忍人之心，行不忍人之政，治天下可运之掌上"（《孟子·公孙丑上》），阐述仁政通往运筹帷幄之治，抑或是荀子"天之生民，非为君也；天之立君，以为民也"（《荀子·大略》），突出立君为民的圣王之道，均彰显着以"敦风化俗"实现"天下文明"的德性政治传统。

那么，"为政以德"的德性政治思想具有怎样的后世命运呢？黄俊杰教授提出"道德政治"在诸子时代及其后中国史上的三大发展阶段：第一阶段，"从思想史的立场来看，先秦儒家一贯强调道德与政治之绝对相关性"，孔、孟"尤其认为'道'尊于'势'，他们都主张以道德的修为来提升政治的境界"。此种"道德政治"的理想由孔子提出，由孟子发挥充实，"至荀子而经历一大转折，政治之力量凌驾于道德之上"。第二阶段，"大致说来，从汉代到唐末这一段期间，历代儒者对'道德政治'这个先秦孔门理想的反省普遍都很看重政治的力量，认为政治是实践道德信念的不二法门，而儒者的道德修为也必须在政治事业中觅其落实之点"。第三阶段，"在经历五代的纷乱岁月之后，北宋以下的儒者又重新提起以道德提升政治的信念，开始回过头来重视道德的优先性，认为德行是善政的基础"[242]。从中国古代政治史的整体脉络看，汉承秦制，但也在制度精神层面吸纳了周政蕴含的德性政治原理。超稳定的大一统国家结构，既是一种"统一的治理体系"，亦是一种"统一的道德秩序"。法家与儒家在这两大体系方面各擅胜场，正所谓"汉家自有制度，本以王霸道杂之"。遗憾的是，在帝制时代，当权者往往会有意识地回避自身应担负的道德责任，遂将德性政治理论改造为维护自身利益的思想枷锁，"德治"也沦为维护宗法皇帝制与家产官僚制统治的等级化"人治"。伴随着帝制中国对于儒学的建制化过程，先秦儒学在德性政治方面的诸多元素发生了理想与现实之间的背离，此乃不争的事实。李若晖教授指出："儒学的制度化在实质上是以秦制律令体系的'尊卑'取代了《春秋》的'尊尊'，亦即以绝对服从的单向性伦理取代了互相尊重的双向性伦理。"[243] 林安梧教授则认为：先秦儒家在"血缘性的自然连结"下，确立了"人格性道德连结"的优先性。即使荀子已重视君道、富国、法后王，但毕竟还是期待先圣先贤文化教养，达到天下太平的。直到其弟子李斯、韩非，才转而为法家，强调了"宰制性的政治连结"的优先性。"血缘性纵贯轴"的系统脉络和"道的错置"于焉构成。[244] 正如朱熹所言："千五百年之间，正坐如此，所以只是架漏牵补，过了时日。其间虽或不无小康，而尧、舜、三王、周公、孔子所传之道，未尝一日得行于天地之间也。"[245] 儒家德性政治传统可以说跌宕起伏，不绝如缕；与此同时，礼乐仁义精神也作为超越现实政治的精神实质和强韧文化基因，而得以不断再生产。

　　总之，"为政以德"集中揭示了儒家治国理政的核心理念。首先，天地之大德曰"生"，亦是"无私覆""无私载""日月无私照"的"公"。执政者要法天则地，用仁爱、民本、天下为公的"生生之德"，来"以德配位"和"以德致位"。其次，"盛德"是"大业"的基础，执政者要以忧患意识"苟日新，日日新，又日新"地进行内圣外王双重意义上的"革命"，并以高度的历史感"念兹在兹"，不忘初心，才能获取永葆"天命"、牢记履行"使命"。其三，德性政治的内在本质是"仁义"和"信托"，而非"霸权"和"契约"，外在体现是"礼乐"为主、"政刑"为辅、"天下"为怀，此种政治是把人当人看的政治，是祛除神权政治、武夫政治和财阀政治的政治。其四，德性政治并不排斥制度和法治，而是在此前提下，高度关注政治担当者主体性的贤能素养。笔者曾经在一篇长文中重构出七条"儒家德性政治理论"的基本原理，即"正德—天命正当论""利用—以义为利论""厚生—生民民本论""敬简—君道无为论""制度—礼法合治论""尚贤—贤能主治论"及"风化—天下文明论"，[246] 在此不再赘述。

二

中华德性政治传统的现当代赓续发展

近代以来，"国家蒙辱、人民蒙难、文明蒙尘"，志在救亡复兴的中国人放眼世界，在风雨激荡中最终选择了马克思主义。以德性政治传统为内核的儒家政治思想迎来剥复之机，并为马克思主义中国化时代化提供了关键性的精神资源，而马克思主义基本原理也在中华德性政治传统滋养下愈加彰显其强大生命力。中国共产党在马克思主义科学理论指导下"志道据德""以德行道"，成功地将中国社会组织起来，以强大的领导力带领中国人民站起来、富起来和强起来。党的二十大报告指出："坚持和发展马克思主义，必须同中华优秀传统文化相结合。只有植根本国、本民族历史文化沃土，马克思主义真理之树才能根深叶茂。"2022 年 10 月 24 日，中共中央召开新闻发布会介绍解读党的二十大报告主要精神，党的二十大新闻发言人孙业礼指出："实际上我们的制度、道路与我们党的路线方针政策一直都体现着中华优秀传统文化，但在理论上一直没有明确概括过。习近平总书记第一次明确提出这个结合（即马克思主义基本原理同中华优秀传统文化相结合——笔者注），意义非常重大。"在现当代中国，中国共产党在"制度、道路与路线方针政策"领域"为政以德"的重要体现，有如下荦荦大者。

一是"为政以德"与党对"执政规律"的认识与实践相契合。对深化认识"共产党执政规律"的强调，一以贯之体现在过去 20 年的党史与党的文献之中。在党的十五大及之前历次党的全国代表大会报告中，尚未出现包括"共产党执政规律"在内的"三大规律"的提法。而党的十六大、十七大、十八大、十九大和二十大报告均出现关于"共产党执政规律"的表述并与"社会主义建设规律""人类社会发展规律"合称。我们或可借鉴孔子"志于道据于德"（《论语·述而》）的言论理解"执政规律"：规律即"道"，是自然规律、社会规律与思维规律，是世界存在的方式，类似于古希腊哲人所讲的 Logos（天道），可谓"自然而然"；认知规律并依规律行事即"德"，是对于天道的敬畏、体察与遵从，是人类与世界合宜相处的方式，类似于古希腊哲人所讲的 Nomos（律法），可谓"第二自然（天性）"。"道德"就是"以德行道"，合乎规律地执政亦可说是"道德地"执政，不啻中西方古典德性政治传统"天道观"或"自然法"的创造性转化与创新性发展。

二是"为政以德"与党对"历史自觉"的认识与实践相契合。在 1949 年的《论人民民主专政》一文中，毛泽东总结了三件"我们战胜敌人的主要武器"，除了"党领导的军队"和"党的领导的各革命阶级各革命派别的统一战线"，首先亦是根脉所系的便是"一个有纪律的、有马克思列宁主义的理论武装的、采取自我批评方法的、联系人民群众的党"。这堪称对"中国共产党为什么能"这一问题的权威解答，而"三件武器"和最后一句引文中"党"之前的"四重定语"，实际上都是在谈中国共产党的德性。中华德性政治传统非常强调政治秩序创生者"以德受命"，后继者则应"敬慎厥德"，前贤之"史"成为后人之"经"。中国共产党具有高度的历史感，高度强调对于党史、新中国史、改革开放史、社会主义发展史的自觉研习，高度强调"推动全党全社会增强历史自觉，坚定文化自信"，高度强调"不忘初心、牢记使命"，"为政以德"堪称其深层文化基因。

三是"为政以德"与党对"干部选任"的认识与实践相契合。历史学家许倬云指出：中国国家的文官制度或者说官僚科层制（bureaucracy）来源极其久远，但绝不仅是工具性的理性制度，亦有非常浓厚的"儒家意念掺和其中"。"这是韦伯在讨论西欧 16 世纪以来的文官制度中缺少的一环。"这种儒家意念的神秘性并不强，并非上天的神谕，而是经世的使命。"目的的理性和工具的理性相配合，使中国文官系统在国家和社会之间的拉锯战中，不但有举足轻重的分量，而且也成为国家和社会之间联系的力量。这个特色是中国以外的史学家在讨论文官制度时未能理解到的地方。"两汉以后的文官系统在由纯工具性蜕变成兼顾工具性和目的性的过程中，竟蜕变为自成一格的合理制度，进而不断传承下去。文官体系的甄选过程至关紧要，始终普及于全国各地，始终想用最公平合理的方式来找人才，也始终要使人才具备儒家意念。选拔过程中出现的"社会性格"和运作过程中出现的"国家性格和治理机构"，最终使得古代中国国家与社会形成均衡，发挥制衡的作用。文官制度选拔的背后有一大群社会精英，他们受过专业训练，等着出仕，但能够出仕者只占其中少数，未出仕者仍留在社会一端，凭借儒家立场监督政府作为。[247]这便是《岳阳楼记》中范仲淹所讲的"居庙堂之高则忧其民，处江湖之远则忧其君""是进亦忧退亦忧"。"以天下为己任"，构成了古代中国国家超强连续性和超强稳定性的重要枢轴。德性政治传统强调"仅有政才政绩，而无'政德'，则皆不足为政治家，皆不足谓有政治家之风度"，而"最大的政治家，自己不见才能，而群下见才能。自己不见功业，而群下成功业"[248]；"政治上所谓贤者，不是指清悫谨慎循规蹈矩之徒，而是谓识大体，知权经，而有佐国之才之人"[249]。德性政治传统在当代中国的显著"存活现象"，正是党对干部队伍的高度德性要求。我国宪法第一条明确规定："中国共产党领导是中国特色社会主义最本质的特征。"《中国共产党章程》第三十五条指出："党的干部是党的事业的骨干，是人民的公仆，要做到忠诚干净担当。党按照德才兼备、以德为先的原则选拔干部，坚持五湖四海、任人唯贤，坚持事业为上、公道正派，反对任人唯亲，努力实现干部队伍的革命化、年轻化、知识化、专业化。"2019 年 3 月，中共中央印发《党政领导干部选拔任用工作条例》，规定了选拔任用党政领导干部的六项原则：第一项是根本性的政治原则即"党管干部"，第五、六两项是制度原则即"民主集中制"及"依法依规办事"，第三项是技术原则即"事业为上、人岗相适、人事相宜"，而第二、四两项则堪称素质原则即"德才兼备、以德为先，五湖四海、任人唯贤"以及"公道正派、注重实绩、群众公认"。这里所说的素质原则，浸润着"为政以德"的德性政治传统，随着 2018 年习近平总书记提出"领导干部要讲政德"的要求[250]，加强干部"政德"建设更成为当前党的建设领域的重要内容[251]。

四是"为政以德"与党对"中国式现代化"的认识与实践相契合。章太炎曾指出中国传统政治制度相较于其他国度的四大优长："中夏政制，长于异国者四物：一曰仁抚属国，二曰教不奸政，三曰族性无等，四曰除授有格。"[252]"仁抚属国"的对立面乃是殖民主义与霸权黩武，"教不奸政"的对立面乃是神权政治与政教合一，"族性无等"的对立面是种姓制度与阶级固化，"除授有格"的对立面则是官制不彰与举贤无方。陈寅恪进一步指出："夫政治社会一切公私行动莫不与法典相关，而法典为儒家学说具体之实现。故两千年来华夏民族所受儒家学说之影响最深最巨者，实在制度法律公私生活之方面……"[253]"民主自由主义（尤其是与它相连的民主政治制度和市场经济制度）的着眼点，主要是组成社会的每个个人当下的利益和意愿，相形之下忽略了一个社会和文化与其传统的深切关联及对其未来世代的责任感。在这方面，中国文化传统和儒家传统的立体思维将可以作出一定的贡献。……这世界不单包含个人及其人权、利益和欲望，更有超越个人、跨越历史的道德理性、文化生命和精神境界。"[254]就此而言，德性政治中的以义为利，作为对内符合仁性、对外符合事理的思维和行为方式，道德上"有理"，功利上"有利"，融人的求利与成德之道于一体，尤其契合世俗常人境界和现代商业社会。德性政治视野中的"经济"向来强调"经世济民"，具有浓厚的政治意涵与公共属性；儒家伦理与殖产兴业并行不悖，"义利之辨"为经济生活注入浓厚的伦理品质；国家"以百姓心为心"（《道德经》第四十九章）、"不与民争利"（《史记·循吏列传》）且"因民之所利而利之"（《论语·尧曰》），积极介入与组织生产、再分配和基础设施建设各环节，有力统筹整合各地域、阶层的经济生活，在公私产权之间、农商业态之间、贫富阶层之间、节流开源之间、安全财富之间、局部全局之间、眼前长远之间努力维持平衡，并注重抑制地产兼并、节制资本干政、扶助弱势民众。此外，德性政治所追求的"天人合一"，其本质是"主客合一"，肯定人与自然界的统一；强调"民胞物与"，即人与人、人与物之间犹如同胞手足，万物一体而相互仁爱。此外，儒家德性政治传统具有浓厚的"天下"关怀，致力于以和平手段构建"天下型国家"，蕴含反思与超越现代民族国家理论的势能。在党的二十大报告提出的中国式现代化的五个"中国特色"之中，"为政以德"的制度精神可以说贯穿始终，举凡"人口规模巨大的现代化"、"全体人民共同富裕的现代化"、"物质文明和精神文明相协调的现代化"、"人与自然和谐共生的现代化"以及"走和平发展道路的现代化"，莫不体现中华德性政治传统的复古开新。

五是"为政以德"与党对"一多关系"的认识与实践相契合。我们的国旗是五星红旗，体现"北辰居其所而众星共之"的"一多"意象。作为"中国工人阶级的先锋队"及"中国人民和中华民族的先锋队"，中国共产党犹如"北辰"，时刻牢记"全面从严治党永远在路上，党的自我革命永远在路上"，才能使自身始终成为"全国人民的主心骨"和"坚强领导核心"。所谓"打铁必须自身硬"，党的"政治领导力、思想引领力、群众组织力、社会号召力"，端赖于坚定不移全面从严治党、深入推进新时代党的建设新的伟大工程。同时也应看到，"为政以德"是星体之喻、引力之喻，满天繁星是"多"，巍巍北辰则是"一"，德性政治传统在充分尊重多样性的基础上强调和而不流、合众为一，有利于科学阐发"一多关系"和有效构建"共同体理论"。中国共产党坚持全心全意为人民服务根本宗旨，树牢群众观点，贯彻群众路线，尊重人民首创精神，坚持一切为了人民、一切依靠人民，从群众中来、到群众中去，始终保持同人民群众的血肉联系，始终接受人民批评和监督，始终同人民同呼吸、共命运、心连心，不断巩固全国各族人民大团结，加强海内外中华儿女大团结，形成同心共圆中国梦的强大合力。这也正是新时代社会主义中国"为政以德"的集中生动体现。

六是"为政以德"与党对"两大革命"的认识与实践相契合。中华德性政治传统呈现鲜明的"三命结构"，此"三命"即"天命""使命"与"革命"，而"革命"亦可细化为三种形态，即"革命1（内圣）""革命2（外王）"与"革命3（被革命）"。此种"三命结构"在当代中国政治中有着显著的创造性转化和创新性发展。

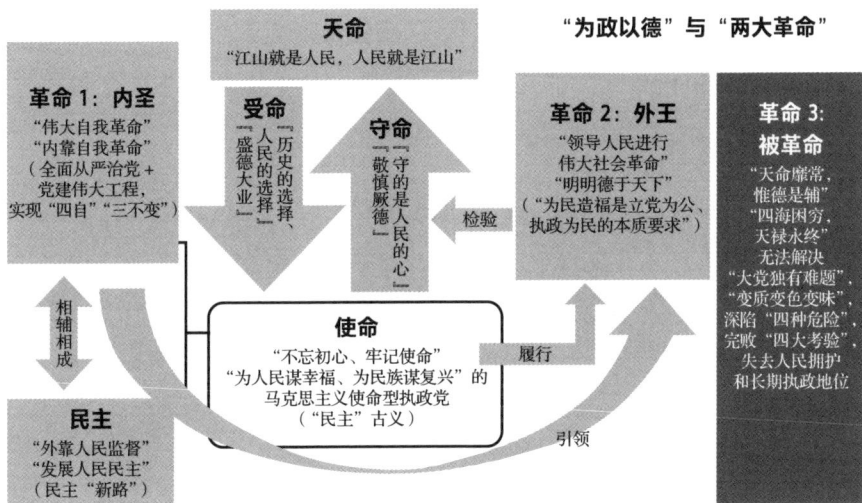

附图："为政以德"与"两大革命"

所谓"天命"，用今天的表述便是"江山就是人民，人民就是江山"。基于历史的选择和人民的选择，中国共产党"受命"于人民。中国共产党从长远来看，要实现长治久安，永葆执政地位，就是要守住人民的心，"守命"便是"守的是人民的心"。我们曾经开出"盛德大业"，务必世世代代不忘初心、牢记使命，即"敬慎厥德"。作为马克思主义使命型执政党，全心全意"为人民谋幸福，为民族谋复兴"，实际上也贴合了中国古典"民主""民之主也"的理念（此即附图中所谓"民主"古义），又与列宁主义先锋队政党思想相通。如何跳出政权建设"其兴也勃焉，其亡也忽焉"的"历史周期率"，是一个关系执政安危、政权兴衰的重大历史性课题，也是中国共产党人念兹在兹的重大政治考题。对于黄炎培"窑洞对"提出的所谓"历史周期率"，毛泽东回答："我们已经找到新路，我们能跳出这周期率。这条新路，就是民主。只有让人民来监督政府，政府才不敢松懈。只有人人起来负责，才不会人亡政息。"中国共产党人给出了党跳出治乱兴衰历史周期率的"第一个答案"。在党的二十大报告中，习近平总书记指出："党找到了自我革命这一跳出治乱兴衰历史周期率的第二个答案"。综而观之，党应不断增强自我净化、自我完善、自我革新、自我提高能力，不断形成和发展风清气正的党内政治生态，确保党永远不变质、不变色、不变味，持之以恒推进全面从严治党，深入推进新时代党的建设新的伟大工程，进而将党的伟大自我革命（"革命1"）与全过程人民民主相辅相成，引领和协力开展伟大社会革命（"革命2"），即实现"平天下"或"明明德于天下"，为人民谋幸福，为民族谋复兴，乃至为人类谋大同。"允执厥中"，胜任使命，方可永葆天命；"天命靡常，惟德是辅"，"四海困穷，天禄永终"，若是"变质变色变味"，将会深陷于"四种危险"，完败于"四大考验"，走向"革命3"亦即"被革命"，永远失去人民的拥护和长期执政的地位。

习近平总书记多次强调，"人心是最大的政治"，而中国共产党是"世界上最大的马克思主义执政党"，"大就要有大的样子"，但"大"也就有"大"的难题。"要始终赢得人民拥护、巩固长期执政地位，必须时刻保持解决大党独有难题的清醒和坚定。"因此，党员领导干部对"国之大者"要心中有数，所谓"得其大者可以兼其小"。立"大党"治"大国"，亟待成"大人"明"大德"。这就需要我们更为自觉主动地接续中华德性政治传统，做好"修德"与"弘德"、"内圣"与"外王"两件大事。

最后需要补充的是，2018 年 3 月 10 日，习近平总书记在参加十三届全国人大一次会议重庆代表团审议时指出："领导干部要讲政德。立政德，就要明大德、守公德、严私德"；2022 年 1 月 11 日，习近平总书记在省部级主要领导干部学习贯彻党的十九届六中全会精神专题研讨班开班式上强调："全党同志都要明大德、守公德、严私德"；2022 年 10 月 16 日，党的二十大报告指出："提高全社会文明程度。实施公民道德建设工程，弘扬中华传统美德，加强家庭家教家风建设，加强和改进未成年人思想道德建设，推动明大德、守公德、严私德，提高人民道德水准和文明素养。"不难发现，"明大德、守公德、严私德"的主体要求，从"领导干部"扩展到"全党同志"，进而扩展到"全社会"。此种变化背后的逻辑何在？笔者认为，鉴于现代社会平等化的基本特征，"德性"之流布、"风俗"之塑造，理应是一种兼具"自上而下""自下而上""横向交互"的多向度过程。"然人民如只沐浴于君主德化之下，则人民仍只是被动的接受德化，人民之道德主体仍未能树立。……所以人若真成树立其道德的主体，则彼纵能以德化万民，亦将以此德化万民之事之本身，公诸天下，成为万民之互相德化。"[255] 笔者认为，这实在堪称中华德性政治传统创造性转化与创新性发展的题中应有之义和重点难点环节。果能攻克此环节，我们可以负责任地讲，"为政以德"的中华德性政治传统，势将具备全人类的文明史价值。

第八章

君子喻于义：从儒家士大夫到党政干部

姚中秋　中国人民大学国际关系学院教授、历史政治学研究中心主任孔子说:"为政在人"(《中庸》);2000多年后,毛泽东说:"政治路线确定之后,干部就是决定的因素。"[256] 两人遥相呼应,清楚地表明中国共产党很好地继承了优秀的传统治国理念,高度重视人的主体能动作用,重视"选贤与能",发挥德才兼备的领导者这一治理主体的作用。当然,中国共产党首先是一个列宁式工人阶级先锋队政党,因此由"人"到"干部",在政治品质和组织形态上也有一个创造性的发展。

具体地说,汉武帝独尊儒术之后,逐渐形成了一个儒家士大夫群体;清朝覆亡,这个群体随之消散。中国共产党在共产国际指导下成立,早期干部,尤其是高级领导干部带有明显苏联式干部特征。延安时期,以毛泽东为主要代表的中国共产党人积极推动马克思主义中国化,相应地推动干部的中国化,核心就是吸纳儒家士人—士大夫精神传统,熔铸出了一个全新的中国式干部群体。相比于儒家士大夫,以党员为底色的干部群体极大地强化了组织性、纪律性,其领导、组织和管理的能力大幅度提高。尽管如此,我们仍然可以把两者归为一类——先进性领导团体,这是人类历史上独一无二的政治能动者。

儒家士大夫群体的形成与独特品质

儒家士大夫是古代的道德、知识、政治先锋队，是在古典"君子"的基础上，由孔子奠定其精神格局，经周秦之变、秦汉之变逐渐形成的。

早在 4000 多年前，尧舜建立统一的华夏国家之初就形成了一个"君子"群体，负责领导和管理国家。当时还初步建立了君子培养机制，《尚书·舜典》记载，帝舜任命夔担任乐官，负责王室乐舞事务，但他还有另一个职责：以乐舞教养君子的子弟——也就是未来的君子，使其具有四种德行："直而温，宽而栗，刚而无虐，简而无傲。"夏商周三代，这种教育日益完善，逐渐形成"六艺"，即以礼、乐、射、御、书、数六种技艺训练君子。这个君子群体可谓德能兼备、文武双全，《诗经》《春秋左传》都生动地展现了周代君子的风貌。正是一代又一代"文质彬彬"的君子群体，创造和发展了"郁郁乎文哉"的古典文明。

到了春秋时代，铁器开始出现，生产力有所发展，人口持续增加，又加快流动；周王权威丧失，诸侯间战争日益频繁，规模持续扩大。这些因素引发社会各领域出现剧烈变化，"礼崩乐坏"，一个新的社会形态慢慢形成。古典的君子群体难以适应新社会的治理需要，逐渐衰败、转化。更为重要的是，一个新式士人群体逐渐兴起。

孔子是新式士人群体的创造者。礼崩乐坏之际，孔子虽为一介布衣，却有重建秩序之志——这本身就是一个革命性事件，也代表了新式士人的理想精神。但他无法得到"位"，于是退而创"教"，即收集古代文献，整理编辑为"六经"。"六经"记载了古圣先王治国平天下之大道。孔子又以"六经"教育有志青年，这就是新式"士人"。孔子之后，有些士人有自己的独立见解，著书立说，培养弟子，这就逐渐形成了诸子百家。士人群体规模逐渐扩大，其主张也日趋庞杂，虽然都以重建秩序为志向，但在手段、方法上出现了明显分歧，主要是两支。

士人群体的第一支普遍接受过兵家、法家、纵横家教育，相信只能依靠暴力和权力重建秩序。因此，他们想尽办法进入各国政府担任官员，逐渐形成了一个专业化官僚群体。战争决定国家的生死存亡，拥有军事专业技能的人才广受各国欢迎，在春秋后期、战国早期，兵家十分走红。战争需要钱财、兵员，各国竞相改革土地、财政、税收、军事制度，法家脱颖而出。还有大量人员充当一般行政、财政、军事、司法官员，构成了专业化官僚队伍。秦国吸引很多这类人才，很快拥有了制度优势，最终一统天下，构造出超大规模的"皇权官僚郡县制国家"：皇帝通过其直接任命的郡、县两级政府官员，再通过乡、里，直接统治数以千万计的国民。秦汉时人称这些官吏为"文法吏"或"刑名吏"。

生活在20世纪之交的德国社会学家马克斯·韦伯认为，现代国家的标志性制度就是官僚制。用韦伯所列举的官僚的标准来衡量，秦朝的文法吏就是现代官僚：他们普遍接受过专业的政令、刑律教育，因而是专业化的；他们严格执行法律和上级命令，不受情感、意识形态、民意之类因素影响，因而是理性化的。那么，按照韦伯的现代国家定义，秦朝其实就是世界上第一个"现代国家"，实际上，单从官僚制的角度衡量，有很多现代西方国家也不能与秦朝相提并论。

然而，秦朝实现统一仅 14 年就覆亡了，原因当然很多，但文法吏群体是要承担一定责任的。依汉初人的看法，文法吏的最明显缺陷是缺乏仁爱精神，迷信严刑峻法，"今之听狱者，求所以杀之"（《汉书·刑法志》）。同时，受到法家"人性恶"观念的影响，文法吏群体也普遍缺乏最基本的政治道德。法家的"性恶论"在理论上就取消了这一点："君以计畜臣，臣以计事君，君臣之交，计也。"（《韩非子·饰邪》）君与臣、上下级的一切行动都为了追求自身利益最大化。基于这一判断，法家辅佐皇帝设计了一整套严密的管理、监督制度，并给皇帝贡献了驾驭臣下的权术。然而，孔子早就预言过这种做法的结果："民免而无耻"（《论语·为政》），信奉法家式价值观的文法吏只会想办法钻空子，而不可能有担当精神、忠诚意识，也缺乏最基本的自我约束。

汉初多方寻找解决问题的方案，最终汉武帝转向士人群体的另一支——崇尚德、礼之教的儒家士君子群体。孔子去世后，仍有一部分士人坚守孔子之道，以传承"六经"为己任，与上一类士人最大的区别在于，他们具有道德自觉意识，信守"大学之道，在明明德，在亲民，在止于至善"（《大学》）。他们通过学习"六经"，掌握了古代君子之道与术，故为"士君子"；士君子以行道于天下为己任，构成道德、知识上的"先知先觉者"（《孟子·万章上》），也就是道德—知识先锋队。他们也认为，应当遵循"道之以德、齐之以礼"

的治国之道或行孟子所说的"仁政"、荀子所说的"礼治"。

不过，孔子、孟子、荀子本人的生平遭遇就表明，在各国以"诈力"相争的春秋、战国乃至于秦朝，这个士君子群体基本上没有出仕、为政的机会。到了西汉初年，社会已恢复和平秩序，教育也逐渐发展，培养出越来越多的士君子。他们对政府施加压力，呼吁"更化"，即进行全面的文化、政治变革，核心是以士君子代替文法吏；汉武帝也认识到现有官僚群体不足以形成善治，乃于即位之初启动了这场中国历史上最为重要的全面变革。

依据董仲舒、公孙弘等人的建议，汉武帝的变革措施环环相扣：第一，朝廷建立五经博士，表明接续文明历史之意，从而赋予了新的政治秩序以历史文化正当性；第二，为博士配备弟子，也就兴办了太学，进而要求郡、县两级政府同样兴办学校，用五经培养士君子；第三，建立察举制，遴选接受过五经教育、以孝廉之德与能著称乡里的士君子进入政府。这些改革出台若干年之后，"公卿大夫士吏斌斌多文学之士矣"（《史记·儒林列传》），官员逐渐替换为士君子，也就形成了"士大夫"群体，政府形态也从官僚制政府转化为"士人政府"。

这是一场全面而深刻的政治自我革命：秦朝政制的两大支柱——皇权与官僚郡县制依然如故，但文化—政治主体发生了根本变化，皇权官僚郡县制转化为皇权士大夫郡县制。这套体制维系了2000年之久，可见其非常成功，其成功的秘密在于士大夫的精神品质和行动逻辑：士大夫接受了五经教育，并凭这方面的知识和德行得到官职。五经大义、儒家观念塑造了士大夫的人生与政治倾向，由此形成士大夫如下独特政治品质：

第一，政治主体意识与政治主动性、自主性。士人相信，自己通过研习五经，已经掌握了治国平天下之道。道本于天，高于权力；为了行道而入仕，当然要承认皇帝为最高统治者，但他们相信，自己同样享有治理的主体地位，因而在政治上具有高度的主动性和自主性。从此以后，中国传统政制带有"双主权"性质，士大夫与皇权"共治天下"。

第二，政治理想主义精神。子曰："士志于道。"（《论语·里仁》）士大夫有"致君尧舜上""复三代之治"之类的政治抱负，因而虽然身为官僚，却常能超出官僚"理性的就事论事"行为模式，而追求道德和政治理想。

第三，公共服务精神。五经大义、孔孟思想教养士人以仁者爱民、"民惟邦本，本固邦宁"之类政治理念；入仕为政后，士大夫常有公共精神，关注社会中最大多数人即普通民众之利益。所谓为民请命、"作民父母"等观念，都体现了士大夫的公共服务精神。

第四，具有专业性。士大夫之学以五经为根本，五经实为政治学教科书。士大夫又高度重视史学，据此"通古今之变"，即通古今政治之变，从中获取政治、行政各领域制度、政策的专业性知识。士大夫具有极强的学习能力，入仕后在政治、行政实践中持续地思考、学习，可以迅速掌握更为具体的行政、财税、军事、农业、水利等方面的知识。

第五，道德的自我激励—约束意识。孔子、孟子强调"义利之辨"，《大学》强调"修身为本"，儒家士人教育重视人格养成，董仲舒呼吁士人"正其谊不谋其利，明其道不计其功"（《汉书·董仲舒传》），历代官员选拔、升黜也高度重视道德品行。士大夫在精神上构建了自我约束与激励机制，多少有一些廉耻之心，也就有一定的道德意识，持守政治、行政伦理。

以上五种品质使士大夫完全不同于秦朝的文法吏。表面上看起来，士大夫在郡县制国家各级岗位上，像是官僚。但实际上，他们还有两个更为重要的角色：首先，发挥教化者的功能。士人本身就是通过孔子文教培养出来的，且以行道为己任，因而，入仕之前常在民间兴办书院、兴起礼乐；入仕之后必然遵循孔子的治国之道，兴起礼乐教化，重视移风易俗。

其次，士大夫也发挥政治家的功能，这表现为：第一，政治批判。士大夫有天下为公的意识，经常进行自我批判，也批判不合理的国家政令、法律和惯例，甚至批判皇帝。第二，政治创新。基于行道信念，如有必要，有些士大夫在地方进行制度创新，或在中央发动政治变革。第三，行政灵活性。士大夫不盲目地执行法律、政令，基于其行道信念，如有必要，可能无视律令、政令，历朝皆有士大夫擅自发仓以救灾民之事。

可见，儒家士大夫把教化者、政治家、官僚三种角色统合于一身，可谓"领导性治理者"：他们当然是治理者，但他们终究是以意识形态统合政治权力，自觉地运用权力追求价值性目标，对人民发挥道德引领作用，这就是"领导"的含义所在。

这里所描述的士大夫的品质和行动逻辑是"理想型"意义上的，现实中的士大夫未必皆能如此，未必始终如此。但毕竟，儒家是这样教育他们的，他们也是这样自我期许的，士人政府的监督考核机制也是这样要求他们的，那么必然有一部分士大夫确实做到了这一点，并对做不到这一点的人形成道德和政治上的压力。也因此，士大夫才是中国传统政治的能动者；正是其独特的品质和政治行动逻辑使得古代政治一次又一次由乱而治，中国文明一次又一次由衰而盛。

二

列宁的先锋队政党思想与中国共产党的成立

　　清朝覆亡、士大夫群体消散后几十年间涌现多种类型的新的政治主体：迷信武力的军阀，毫无廉耻的官僚，迷恋权力的政客，当然还有极少数信奉自由主义的知识分子，你方唱罢我登场，但无一具有解决全面危机的意愿和能力。中国共产党则从成立之日起，就显示了其解决中国问题的坚定意愿和强大能力，因为它是按照布尔什维克模式建立的列宁式先锋队政党。

　　在国际共运史上一直存在两种政党观念的斗争。在资本主义比较发达、阶级分化比较明显的西欧，马克思主义理论与工会运动结合，形成了工人阶级的政党——社会民主党，并形成了跨国的政党联盟——第二国际。随着西欧国家陆续完成工业化，尤其是对外进行帝国主义掠夺剥削，到19、20世纪之交，第二国际逐渐修正主义化，放弃推翻资本主义制度和资产阶级国家的目标，仅满足于在资本主义制度框架内改进工人阶级的经济社会处境。

　　俄国社会民主工党就成立于这个时期，党内多数领导人迷信西欧经验，主张俄国党也只需组织工人进行经济斗争。列宁斥之为"经济主义"，他认为，俄国的社会经济政治情势完全不同于西欧，党的任务更为艰巨、艰难，也就不能照搬西欧革命模式，必须创造无产阶级革命的俄国道路。为此，列宁积极推动马克思主义的俄国化，

尝试进行党的组织形态的创新，在与党内政敌的论战中，先后写作
《怎么办？》（1901—1902 年）和《进一步，退两步》（1904 年），阐
明先锋队政党的必要性和组织原理，并创建了布尔什维克。

为什么必须建立先锋队政党？列宁的主要理由是："工人本来也
不可能有社会民主主义的意识。这种意识只能从外面灌输进去，各
国的历史都证明：工人阶级单靠自己本身的力量，只能形成工联主义
的意识。"[257] 马克思主义确定的目标是推翻资本主义制度，这是高度
政治性的；自发的工人阶级则只知道反抗直接剥削他们的这个或那个
资本家，最多只能向政府提出一些经济要求，却不可能自发地产生推
翻资本主义制度、全面反抗专制国家的政治意识。这种政治意识只
能是政治教育的产物，谁来进行教育？只能是一个先锋队政党。因
此，对于先锋队政党来说，理论工作、宣传工作具有头等重要的意
义。列宁创建先锋队政党的另外一个理由是，社会主义运动的目标
是总体性的，这就需要所有被压迫被剥削的阶级、阶层共同参与，因
此，"社会民主党人的理想不应当是工联书记，而应当是人民的代言
人"[258]。党不能把自己等同于工人阶级，而只能吸收其先进分子，这
样，党既可以领导工人阶级，也可以领导全体人民。布尔什维克的
目标是改造世界，为此必须十分有效地组织起来，《怎么办？》后半
部分与《进一步，退两步》又进一步论述了先锋队政党的组织原理。

总体上，列宁式先锋队政党有四个构成性要素：

第一，仅吸纳先进分子为党员。列宁明确提出："把作为工人阶
级先进部队的党同整个阶级混淆起来，显然是绝对不行的。"[259] 党只
吸纳工人阶级中的先进分子，这种先进性是全面的：在理论上，学习
马克思主义和党的最新理论；在政治上，积极投身政治斗争，具有领

导、组织、动员群众的能力；在道德上，严守纪律，忠诚担当，有牺牲精神，也有主动和创新精神等。

第二，一个以领袖为中心的职业革命家群体发挥全面领导作用。他们掌握党的最高领导权，对全党进行全面统一领导。当然，领袖的首要作用是提供理论、指引全党。

第三，集中统一。马克思主义是由极少数先进知识分子传入俄国的，他们分散地组织了各地的共产主义小组，因而俄国党自成立起就有很强的分散主义风气，十分不利于进行政治革命。列宁积极推动党在全国范围内的统一，把权力集中于中央委员会，这就形成了"集中制"原则——后来才加上民主，形成"民主集中制"。

第四，高度的组织性、纪律性。马尔托夫提出的社会民主党党章草案第一条："凡承认党纲、并在党的机关〈原文如此！〉监督和领导下为实现党的任务而积极工作的人，可以作为俄国社会民主工党党员。"列宁提出的相应条文是："凡承认党纲、在物质上支持党并亲自参加党的一个组织的人，可以作为党员。"[260] 在布尔什维克中，每个党员必须在一个党组织中并过"组织生活"，通过理论学习、相互批评与自我批评、纪律约束等机制，保持先进性。党员也必须严格遵守纪律，党也必须严格执行纪律，包括定期进行清党。

通过以上组织原则，列宁创建了一个由先进分子组成的、集中统一领导的、层级化的政治实体，在这个党组织中，干部具有十分重要的作用，承上启下，组织、领导普通党员，也领导各种群众性组织。干部弥散在党员、群众中间，作为骨干，进行宣传、动员、组织和管理，把规模庞大的党内外人员联结成为紧凑的政治组织。由此，党具有高度的政治自主性，从而具有强大集体行动能力，可以高效率地完成领袖所确定的政治任务。

列宁式先锋队政党是人类政治组织史上的一个伟大创新，列宁在《进一步，退两步》的最后充满信心地说："无产阶级在争取政权的斗争中，除了组织，没有别的武器。无产阶级被资产阶级世界中居于统治地位的无政府竞争所分散，被那种为资本的强迫劳动所压抑，总是被抛到赤贫、粗野和退化的'底层'，它所以能够成为而且必然会成为不可战胜的力量，就是因为它根据马克思主义原则形成的思想一致是用组织的物质统一来巩固的，这个组织把千百万劳动者团结成一支工人阶级的大军。在这支大军面前，无论是已经衰败的俄国专制政权还是正在衰败的国际资本政权，都是支持不住的。"[261] 集中统一的党，通过具有高度组织性、纪律性的干部，把工人阶级和广大人民群众组织起来，按照正确的战略、策略进行集体政治行动，具有无坚不摧的力量。

列宁的信念得到了历史的再三验证：列宁领导这个"组织的武器"，抓住沙俄专制政权在第一次世界大战连遭失败的机会，发动革命，并迅速取得胜利，在一个经济相对落后的国家建立社会主义国家；凭借党组织的坚强战斗力，这个新生的社会主义国家在内外敌人的围攻下生存下来；随后，斯大林又依靠这个组织的武器，动员、组织苏联人民推进社会主义工业化，仅用十年时间就初步完成工业化，创造了人类经济发展史上的奇迹。在此过程中，斯大林高度重视行政管理和专业技术干部的培养、提拔和任用，提出了"干部决定一切"[262] 的口号。

就在俄国革命胜利之时，美国总统威尔逊鼓动美国加入世界大战。战争结束之后的 1919 年春天，苏美两国又争相构建自己的世界新秩序：一方面，威尔逊主导巴黎和会进行了一次帝国主义式分赃，一批对西方失望的先进知识分子转向苏俄，转向马克思列宁主义。另一方面，列宁创建共产国际，决心发动世界革命。他最初还把希望主要寄托在西欧，但这里的无产阶级革命之火很快熄灭，于是在次年的共产国际二大上，列宁转向东方，提出《民族和殖民地问题提纲初稿》，指导殖民地、半殖民地人民开展反抗世界资本主义—帝国主义的民族、民主革命。这之后，共产国际派遣代表到中国，指导先进分子组建中国共产党，先锋队政党干部这个独特的政治主体也就出现在中国的政治场域中。

三

中国式干部：先锋队政党与士大夫传统之融通

中国共产党是在共产国际指导下成立的，因而是一个列宁式先锋队政党。列宁式先锋队政党是列宁在俄国具体条件下推进马克思主义俄国化的产物。基于同样的逻辑，以毛泽东同志为主要代表的中国共产党人也积极推动这个带有强烈苏式风格的政党的中国化，也就是吸纳儒家士大夫精神，把苏式干部转化为中国式干部，从而融入中国文明肌体之中，带领中国人民在十分不利的条件下初步推进了现代化。

中国共产党的干部从一开始就完全不同于民国的政客、官僚、自由主义知识分子：作为先锋队政党的骨干，他们普遍有高水平的政治信念、政治忠诚、政治能力和高水平的组织性、纪律性。凭借这个干部队伍，党领导了国民革命，后来又进行了艰苦卓绝的土地革命，并取得多次胜利，但也遭受了一次又一次严重的乃至灾难性的失败，根本原因在于党内教条主义居于支配地位，这包括组织上的教条主义。

中国共产党是在共产国际指导下成立的，并接受其全面领导，包括指定高级领导人。这样，包括王明在内的众多年轻留苏学生成为党内高级干部，形成所谓"国际派"，实际上是比较典型的苏联式干部，回国之后，在上海，后来到苏区领导革命事业。对其行为模式，毛泽东斥为"本本主义"或"教条主义"，体现在干部观念和制度上，盲目照搬苏式或斯大林式干部路线，机械地理解阶级理论，要求党员、干部必须是工人阶级出身；相信自己已掌握革命真理，对待下级、群众倾向于强迫命令；在干部提拔任用上搞宗派主义，排斥异己；迷信秘密警察统治，对党内持有不同意见者进行残酷斗争、无情打击，有的甚至从肉体上予以消灭。这些做法给革命带来了灾难性后果。

以毛泽东为首的"山沟沟里"的马克思主义者，则致力于推动马克思主义中国化，摸索革命的中国道路，主要是开展山地游击战，建立农村革命根据地。这样一来，新吸收的党员必然多为农民，其中一些在军事斗争中成长起来，成为军事干部。党员的现实结构推动毛泽东对马克思主义的阶级理论进行了主观化改造：判断一个人的政治立场，主要看其主观上是否具有"无产阶级政治意识"，而这是可以通过教育和组织生活培养、保持的——其实，这正是列宁创建先锋队政党的初衷。中国共产党突破了出身论的限制，以政治意识的先进性作为吸收党员、提拔干部之主要标准。由此，党对所有人开放，而政治思想教育也就成为党建之关键环节。

抗日战争全面爆发后，北京、上海等城市学生青年大量涌入根据地，党对其进行政治训练，吸收其入党，快速提拔重用，形成"三八式干部"群体。他们推动了干部的知识化和年轻化，提高了各根据地的政治组织和行政管理能力。但是，知识分子的某些习性与先锋队政党的伦理、政治规范是有距离，甚至存在冲突的，毛泽东将其概括为"自由主义"，最大问题是缺乏组织性、纪律性。同时，青年知识分子干部获得重用，引发资历更老的工农出身的军事干部的不满。凡此种种因素，促使中国共产党开展了大规模的干部思想教育运动，这是延安整风运动的重要组成部分。

延安整风运动的目标是推动马克思主义的全面中国化。在土地革命时期，中国共产党主要作为无产阶级先锋队活动；1935 年瓦窑堡会议确定党同时还是中华民族先锋队，据此，党积极地把自身事业纳于中国历史、文化脉络之中，这就是中国化的实质。中国化是全面的，既有思想和理论的中国化，也有"组织工作中国化"，即干部品质和干部制度的中国化。

关于干部品质，中国共产党强调德才兼备，高度重视干部的道德修养。布尔什维克较为重视干部的政治道德，尤其是组织性、纪律性、忠诚等。在此基础上，中国共产党还高度重视干部的"私人"道德，"生活作风"被普遍视为严肃的政治问题。毛泽东写作了"老三篇"——《纪念白求恩》《为人民服务》和《愚公移山》，系统阐述了共产党员、干部的道德纲目。刘少奇写作了《论共产党员的修养》，十分明确地把儒家士君子修养之道创造性地发展为共产党员，尤其是干部的修养之道。这是对儒家修养概念的创造性转化，是苏共闻所未闻的。

关于干部的培养，中国共产党高度重视干部的思想、政治教育，建立全覆盖的干部教育培训体系，对干部进行系统的政治、理论、文化培训，既培养高级干部，也培训基层干部。实际上，党建立干部的终身学习制度，这是对儒家"学以成人"思想的创新性发展，其严密程度远远超过苏共。

关于干部伦理，中国共产党强调爱护干部、维护干部群体内部团结。列宁最早进行过清党活动，斯大林将其发展为在肉体上消灭异己分子，"国际派"领导层曾将其移植到中国。毛泽东进行党内斗争、组织整风，则确立了爱护干部的原则，对犯有错误者采取"惩前毖后，治病救人"的方针，塑造了党内团结友爱的伦理规范，把党塑造成为一个有情谊的政治共同体——这是完全不同于苏共的。

关于干部权力行使机制，强调干部对群众、上级对下级的示范、引领和教化。苏联干部倾向于使用强制手段，毛泽东则依据儒家"风化"理念，训练干部自身保持知识、政治、道德上的先进性，以此示范下级、示范群众，发挥模范带头作用——这同样是不同于苏共干部的。

关于干部功能，强调全心全意为人民服务。苏联共产党倾向于单方面按其理论追求政治目标，较少关注人民的反应。中国共产党则本乎传统"作民父母"观念，重视与人民的互动，回应群众的呼声，与人民心连心。各级干部通过其在具体场景中全心全意为人民服务的努力，为党和军队赢得民心。

凡此种种努力构建了中国风格的干部培养模式，由此，干部群体也就逐渐脱离苏式形态，向传统士君子—士大夫形态靠拢，从而形成了先锋队政党干部的中国形态。相比于苏联式干部，中国式干部最为突出的特点是，先进性更为突出、更为全面，也更符合列宁对先锋队政党的期待。我们或许可以说，中国共产党更完美地构建了列宁所构想的先锋队政党。

凭着这样一支干部队伍，中国共产党领导人民迅速取得革命胜利，建立新中国。相应地，领导、组织革命战争的干部整体转化为领导、组织、管理国家的干部，其间经历过多次变化，但中国式干部的基本品质和政治行动逻辑没有太大变化。

第一，干部是双重先进分子。首先，党相对于群众是先进性组织；其次，干部又是党内先进分子。因此，干部的根本属性是先进性，在知识、政治、道德等各方面既先进于普通党员，又先进于群众。干部的双重先进性不是自然的而是人为构建的，首先是终身学习，其次是进行个人修养，但最为重要的是制度化的组织生活；党也定期开展整风活动。所有这些措施，都在于保持和强化党的先锋队性质和干部的先进性。具有双重先进性的干部在一定程度上超越了理性"经济人"模型，或可将其命名为"公共人"。孔子说："君子喻于义，小人喻于利。"（《论语·里仁》）后者就是理性"经济人"，前者则是"公共人"。儒家的政治功能是培养君子——"公共人"，作为士大夫治国平天下；中国共产党建立了干部终身学习机制，使之成为干部——"公共人"，以担负领导、组织、管理国家之大任。

第二，干部是领导性治理者，统合教化者、政治家、官僚三种角色。干部处在组织、管理国家的科层体系中，其结构性角色类似于理性化官僚；但干部又占据了西式政客所占之政治位置，在各级政府、各政治性部门领导岗位上，且常由选举程序产生任命。干部还是教化者：干部由教化养成，整个制度预设其掌握了政治理论，具有政治觉悟；因而在日常工作中，干部也被赋予了教育下级、教育群众以提升其政治觉悟和道德水平的责任——事实上，这是其首要责任。因此，干部固然承担着日常治理的责任，但其目标不限于简单地维持秩序，而是有明确的道德追求，自觉地领导国家发展，塑造具有明确价值属性的秩序，因而发挥着道德和政治上的领导作用。

第三，干部的职能以领导权为中心，以示范和教化为先。中国共产党是先锋队政党，因而其首要权力是领导权。党建立了全覆盖、深渗透的领导体系：党作为先锋队政党，领导政府，领导其他政党，领导各种群团组织；党又通过所有这些权力机构领导全体人民。领导活动贯穿于所有这些政治关系之中，干部的首要、基本职能是领导，掌握和行使领导权。但是，干部领导权之正当性来自其双重先进性，这就塑造了两种极为特殊的领导权行使机制：第一种是示范，对下级、对群众要身先士卒，以身作则；第二种是教化。

第四，干部的行为在组织性与创造性之间保持平衡。中国共产党志在改造中国和世界，为此阶段性地确定中心任务，分解给各级各类干部，干部就是完成党所确定的政治任务的能动者。这就要求干部必须在组织性与创造性之间保持平衡：一方面，党有高度组织性、纪律性；干部身在科层制体系中，内部有严格规则和纪律；干部管理各种事务，亦必须遵守规则制度。另一方面，干部对其所领导的民众，对其所管理的事务负有全面的政治、伦理责任，也必须积极在自己所辖地区、部门完成党和国家确定的中心任务。这些都需要干部具有主动性、创造性。从客观条件看，中国是超大规模国家，地方差异很大，干部贯彻执行党和国家统一的路线、方针、战略、政策，必须结合地方实际，创造性地开展工作。现实政治中的干部确实呈现普遍的、高水平的主动性、创造性。过去几十年间，地方政府进行了大量制度创新，这是地方发展的重要动力，出自干部对统一政策的灵活解释，因应地方发展需要的大胆创新。

这个干部群体就是中国式现代化的重要能动主体。在中国这样一个超大规模的国家实现现代化，这是史无前例的大难题，但中国共产党做到了，靠的是什么？当然靠党的坚强领导，靠人民的艰苦奋斗，而把人民组织起来、凝为一体、共同奋斗的，就是数以千万计的干部。没有中国式干部，就没有中国式现代化的成功。

西方有浓厚的宗教传统，人们总是相信，会有某种外在的绝对力量给人间制定完美的规则、法律、制度，塑造人间良好秩序，这就形成了其特有的法治迷信、制度迷信，一旦面临巨大内外冲击，就束手无策。中国文明的根本精神则是敬天、重人、尚德，人们普遍相信，人间的良好秩序只能由人自己来创造和维护，因而在政治上始终高度重视能动者，而能动者获得权威的唯一依据是德与能。因此，古往今来，中国政治的基本原理就是，应当把权力交给理论、政治、道德上的先进分子组成的领导团体。在三代，就是君子；秦汉到明清，就是士人—士大夫群体；中国共产党尽管是列宁式先锋队政党，同样接续了这一传统，在苏式干部高度的组织性、纪律性的基础上，吸纳了儒家士人—士大夫群体的精神，形成了中国式干部群体。

这样的干部群体是马克思主义中国化最为重大的成果之一，也是中国可以提供给当代世界的最为重要的一条经验：国家要发展，人民要改善自己的处境，不可能指望神灵等外在的绝对力量，而只能靠人民自身的奋斗。但是，人民必须由一个先进性团体来领导、组织、管理，才能凝定为改造现实的强大力量。结合了先锋队政党和中华文明的中国式干部就是这样的先进性领导团体。*

---

* 本章论述主要参考作者两篇论文：《领导性治理者：对士大夫的历史政治学研究》，《江苏行政学院学报》2021 年第 2 期；《干部作为政治能动者的一种类型：一个初步的分析框架》，《江苏行政学院学报》2022 年第 2 期。

国家战略研究院资深研究员，科技部关键核心技术攻关新型举国体制战略专家组成员

谢茂松　中国国家创新与发展战略研究会中国文明和中国道路研究中心主任，清华大学

第九章

文明型政党：中国共产党的文明意义

2021 年是中国共产党建党 100 周年，中国共产党从诞生之日起，就一直保持着自觉总结党自身的历史得失、成败经验的传统，尤其是在每一个重要历史节点上。2021 年对于百年大党的历史总结，其中很重要的是对于党所形成的"新政治传统"的自觉整理，尤其是"典章制度"的系统、全面整理；同时关乎长治久安的党的"政治文化"的养成，也将更自觉地进入破题。

在更深层、更久远的意义上，则是要最终把握中国共产党不是简单意义上的政党，中国共产党超越了基于西方历史经验的政党的所谓一党与多党的"一"与"多"的简单数字区分，而具有文明意义。即是说，要把中国共产党理解为是一种新的文明样态。从整全性与过程性而言，中国共产党具有三重文明意义：中国共产党是文明型政党，正在形塑新文明，并成为一种新文明。

中国共产党对于文明困境、国家困境、社会困境三重困境的克服

近代中国面对西方列强的侵略及其背后的西方文明的侵略，面临着文明困境、国家困境、社会困境的三重困境，这也就是"三千年未有之大变局"所遇到的三重困境。解决文明困境的问题要先解决最大的国家困境的问题，然后是解决社会困境的问题，最终文明困境才能得以解决。

中国共产党领导的中国革命，具有反帝反封建、反对内外敌人的双重革命性质，人民解放战争的胜利使得国家统一，解决了国家困境。中国的革命、人民解放战争也是通过最广泛的社会组织动员的方式，同时进行了一场社会革命，解放了当时占中国人口最大多数的农民，其中的关键就是中国共产党的党组织所发挥的高度组织力、凝聚力，中国共产党深深地融入于社会。

新中国成立，进行了社会主义改造，确立了社会主义制度。建设国家就要解决社会问题，以解决社会困境，中国社会主义制度的建立与社会主义建设、发展，解决了社会困境，解决了旧中国社会结构没解决的问题。包括工人、农民等在内的广大中国人民翻身得解放，中国之后不再具有旧中国的资产阶级、地主阶级等压迫性的阶级。

改革开放的今天虽然有富人与穷人，但再也没有旧中国具有剥削、压迫性质的强固的资产阶级力量。中国虽然开放金融，但也不会放任资本的野蛮生长，因为这样的话，最后必然会走向美国式的社会，走向美国式的资本主义道路；中国也不会让国内资本成为跨国资本的买办，因为这样的话，中国就可能在实质上、结构上回到旧中国。中国共产党领导的中国必须维护社会主义国家的性质，这就是中国共产党领导的中国为何以马克思主义为指导思想的原因所在。马克思主义针对的是资本主义的基本逻辑结构，所以中国共产党开创的中国特色社会主义道路在形成过程中始终有马克思主义逻辑的存在，但在实践中具有中国化的品格。

中国道路即中国特色社会主义道路不是无源之水，不是平地而起，是对中国文明史往上的节节接续与全体贯通，要把握四个历史阶段的接续、贯通：首先是把握改革开放前的 30 年与改革开放时期的连续性；其次是把握中国道路与中国共产党领导的中国革命的连续性；其三是中国道路与中国近代史的贯通，中华民族在近代面对西方帝国主义列强的入侵，沦为半殖民地半封建社会，只有彻底地反帝反封建才能使中华民族获得独立、统一，才能使中华民族复兴，才能使人民得解放，反帝反封建成为中国革命与中国近代史的主轴；其四是中国道路与 5000 多年中华文明史的贯通。这一贯通既潜移默化地体现在文化价值上，也在制度的"精神""精意"上。中国道路，即中国特色社会主义道路与中华文明史四个历史阶段的贯通，正是中国特色社会主义道路的"中国特色"所在，正是马克思主义中国化的"中国化"所在。中国特色社会主义道路是上下 5000 多年节节贯通的中国文明的历史的与逻辑的发展。

中国共产党将领导中国人民最终以中国特色社会主义的方式完成现代化，同时也将以此解决现代化所有的问题。中国共产党与人民结合为一体、走中国特色社会主义道路，最终将形塑新文明，这就是对于近代以来文明困境的克服。中国近代文明困境、国家困境、社会困境的三大困境至此彻底克服，成功应对三千年未有之大变局。中国共产党这一新文明，在长时段而言将取代西方过去五百年文明，而开创未来五百年的文明想象，甚至是千年的新的文明想象。

超越"政党"而从"文明"对中国共产党的新诠释：中国共产党是文明型政党与新文明

习近平总书记在党的二十大报告中指出，坚持和发展马克思主义，必须同中华优秀传统文化相结合，中华优秀传统文化同科学社会主义价值观主张具有高度契合性。中国共产党是对中国文明的继承与创新。中国文明与中国共产党的深层关系，包括四个方面的 18 个基本问题。

（一）国家政治、基层社会层面对于中国文明的"大一统"、民众自我道德觉悟传统的延续与现代的彻底化

1. 国家政治层面对于中国文明的大一统的继承与现代的彻底化

就中国文明的延续与更新的一体性而言，中国共产党带领中国人民建立的中华人民共和国以及走出的中国特色社会主义道路，是中国文明在国家层面、政治层面的"大一统"在现代的彻底化。

西方以城邦小国政治为常态，中国则以"大一统"的大国政治为常态。大国政治不仅追求大，还要同时追求"可长可久之道"。大与久合在一起，就是"可大可久之道"，这是中国文明作为世界史上唯一连续未断裂的原生道路文明的"道"之所在。

传统中国是农业文明下的"大一统"。工业文明的工业化的技术极大地扩展了中国的"大一统"，新的数字文明下的数字技术更是扩展了中国的"大一统"，而二者都是在中国共产党领导下的组织、动员。

2. 社会层面对于宋明以来"天理""良知"等民众自我觉悟的继承与现代的彻底化

中国共产党在社会层面、基层层面的"群众路线"，不只是现代化的政党的组织、动员，同时还应看作明清以来"礼教下移"带来的道德觉悟、道德自觉在现代的彻底化。"礼教下移"是宋明理学家强调的礼教的"天理""良知"之教化的内化于心的道德觉悟，这种觉悟从士大夫精英逐渐下移到普通民众。"礼教下移"在长时段历史来看，也是因应着宋代以后中国从世家大族的贵族社会转向平民社会的社会大变化。平民社会的精英选拔是通过科举考试，元代以下四书上升到与五经同等重要的地位，朱熹的《四书章句集注》成为科举取士之教材标准。

"四书"尤其是《大学》《中庸》，相较"五经"之复杂、繁难而经年累月不易掌握则远为简易、容易掌握，同时又能"立乎其大"、直截却又系统，能"下学上达"，能"明明德""亲民"，追求"止于至善"。《大学》《中庸》之简易是对应着平民社会的中等阶层。明清的礼教下移则是较之《大学》《中庸》之简易而又更为普及化、平民化。中国共产党作为一种新文明样态，应看作中国文明接受现代化的冲击、挑战而在学习中快速实现工业化并利用现代化、工业化的技术手段，而最终在国家、社会层面对于中国文明的大一统与礼教自组织的双重的彻底化扩展。中国共产党本身与中国文明的大一统、礼教自组织完全合一。

（二）文明的意义上才能理解"党的全面领导"："譬如北辰"之最高领导与"理一分殊"的"一"之整全

"党的全面领导"要在文明的意义上才能得到深刻而全面的理解。首先要深刻把握"党的全面领导"更深层的中国文明原理。"党的全面领导"在中国文明的哲学思维，意味着宋明理学所强调的"理一分殊"的"一"之整全。"一"是全面之整体，而不是表面的数字的"多"之原子式的分割、割裂。"一"的全面领导贯穿于政治、社会的全方位，这是党的全面领导的深层次的中国文明原理，也就是"一"之"体"，而后有其下"分殊"之具体的"用"之落实。而这最深刻地体现了中国共产党作为文明型政党的特质所在。

1. 党的全面领导以及党与国家、党与军队的辩证关系：阳主阴从、道器一体的中国文明原理

党政军民学、东西南北中，党是领导一切的，党发挥总揽全局、协调各方的作用，这就是《论语》"为政篇"起首引孔子所说"为政以德，譬如北辰，居其所而众星共之"。党所发挥的就是"譬如北辰"的"最高政治领导力量"的作用。"党之为党"是在根本上发挥党的全面组织动员的政治功能，这是现代政治、现代政党政治的需要，这也就是现代、新的"为政以德"。

在党与国、党与政之间，有党政分工，但没有党政分开。党是整个国家的组织力的灵魂、大脑、神经中枢所在。党的全面领导首先意味着体现党的宗旨的政治领导，代表着国家的整体利益、长远利益。

党政分工不能套用欧美的政治、行政的二分来解释，用公司式

的董事会与经理人的二分也不合适，而只能在文明的意义上才能理解在党的全面领导下的党与政、党与国家的辩证关系。用阳主阴从、阴阳一体的中国文明传统的思维，可以更深地理解党与国家的关系。同时"形而上者谓之道，形而下者谓之器"的"道器一体"的思维也能更好地理解党与国家的关系。

党之为党，党对于国家的领导体现了党的宗旨，故而党的领导体现于政治的领导，同时体现于思想、组织的领导，是政治、思想、组织的领导的三者合一。党的政策通过国家、政府机关来执行，政策又转化为国家的立法，即将党对于国家各项工作全面领导通过法律的方式，使党的主张成为国家意志，这也就是"全面依法治国"，党的领导与依法治国获得统一。

党的领导还进入民营企业，使得党的领导全覆盖而无死角，这说明了中国共产党深深融入全社会之中，从上到下一直到社会的最基层，中国共产党与中国社会完全是一体的。

党与军队的关系上，从三湾改编、古田会议开始就确立了党指挥枪，即党对于军队的绝对领导。正是古田会议上党领导军队所确立的政治领导军事的正确路线对于单纯军事路线的错误路线的克服，保证了当时中国共产党领导的军队即红军作为新式的人民军队区别于旧军队，避免军队成为军阀的军队。

这样一方面，是保证"大一统"而不会出现历史上的军阀割据。另一方面，从红军发展而来的中国人民解放军在新中国成立之后坚持党对于军队的领导，既保证了"大一统"，同时也在政治上保证了中国社会主义的性质，而不会蜕变为表面的军队国家化而实质是资本化的变质。

2. 党与民一体的新政治秩序与新的"正名"：阴阳一体、相互依靠而不可分离的内在共生关系

当代中国进行了一次又一次的机构改革，而在西方却鲜见这样的行动，这是为什么？很少人会对此做学术上的发问。这是因为中国历来是士大夫官僚制度，今天也是一脉相承下来。在这一具体的制度安排之上，还有一个更为超越性的安排，就是政治秩序。传统的天、君、臣、民是一个循环的秩序。君以民为本，但民也要受天的制约，否则民就可能停留于纯粹功利主义，所以在民之上，一定还有更具超越性的"天"即天命、天理的存在。今天包括人与自然的命运共同体在内的各种命运共同体共同形成了新的"天"、天理，而党与人民构成了紧密一体、不可分离的现代中国新政治秩序。在中国共产党建构的中国现代新政治秩序下，"中国共产党和中国人民"经常连在一起说，显示了二者阴阳一体、相互依靠、不可分离的内在共生一体关系。阴中有阳、阳中有阴，可以说，离开了中国人民，中国共产党就不成其为中国共产党；反过来说，离开了中国共产党，中国人民也就不能成为全体组织动员起来的中国人民，而只能是如旧中国一样的一盘散沙，因其分割、分化而被资本、买办控制、宰割，已经获得的"人民解放"将成为泡影，中国人民不再成为政治学意义与文明意义的"中国人民"。毛泽东曾引用孔子的"正名"，强调要吸收其中的合理因素，他说："'正名'的工作，不但孔子，我们也在做，孔子是正封建秩序之名，我们是正革命秩序之名，孔子是名为主，我们则是实为主，分别就在这里。"[263]孔子强调君君臣臣、父父子子之正名，而"中国共产党和中国人民"就是今天中国共产党的现代的、新的正名，也就是新的名教，新的政治秩序与文明秩序。我

们要随时正名，不要忘记中国共产党与中国人民的共生一体关系。

3. 中国共产党没有自己特殊的利益："无"方能生"有"的辩证法

《中国共产党章程》规定"党除了工人阶级和最广大人民群众的利益，没有自己特殊的利益"，中国共产党"没有自己特殊的利益"要放在政治学与文明史视野中才能得到更深刻的理解。

西方意义上的选举型"政党"（Party）作为"部分"（part），一定有自己所代表的部分利益，要么代表中上阶级，要么代表中下层，而中国共产党则超越于此。一方面，中国共产党在新中国成立之后对于阶级问题的彻底解决，也就使得党不是代表部分、特殊的利益，"毫不利己，专门为人"的精神则可以放在这一脉络下加以理解。另一方面，中国共产党代表了宋明理学所说的"理一分殊"的"一"的全社会的整体利益、根本利益与长久利益。这正是中国共产党作为代表整体的文明型政党超越代表部分利益的西方式政党之所在。

就无与有的辩证法而言，"无"方能生"有"，即正是由于中国共产党在根本上"没有自己特殊的利益"之"无"，才能代表"最广大人民群众的利益"之"有"，习近平总书记的"我将无我，不负人民"也是同样的道理。

4. 党组织及其民主集中制对于西方选举民主的超越以及"历史正当性"对于"民意正当性"的超越

中国共产党学习了列宁的先锋队的建党原则，具有严密的组织性、纪律性，中国共产党高度的政治能力正是来自组织。毛泽东1929年在《关于纠正党内的错误思想》一文中强调："要教育党员懂得党的组织的重要性。"[264] 毛泽东对于党和国家最大的一个贡献就是对于中国共产党这一党组织的锻造。"相信党相信组织"这句话道出了建党伟业的奥秘所在。

民主集中制抓住了民主与集中的辩证法，克服了西方的民意如流水一样不考虑结果、无定性的短视，而必须强调结果，这就是明末清初王船山将"善"诠释为"处焉而宜"，指把事情办得适宜，这完全是着眼于客观行为的结果。"至善"则是"皆得咸宜"，把每一件事都做到适宜，恰到好处。船山强调"不处胡宜"，所以"善"若没有落实为最终的行为结果，不成其为善。[265] 船山对于"善"的深刻诠释，对于民主集中制的理解提供了很好的文明视野。中国的政治正当性是着眼于历史结果检验的历史正当性。

中国共产党的民主集中制是对于中国文明传统的民本主义的继承与发展，它对于民本的"民"的主体性做出了最大的提升。

5. 党管干部、党管人才："设官分职，任贤使能"

党管干部、党管人才，是党的全面领导在组织上、在官员的选拔上的体现，抓住了一切政治问题的关键在于"人"这一要害。党的任命制不同于西方的选举制。任命制一方面保证了"大一统"，另一方面较之西方多党选举制在人才选拔上考虑的要素的单一而远为周密、全面，因而能在全面、历史地评估人才中选拔好人才并最终用好人才。中国政治的正当性是"天命正当性"与"历史正当性"，与西方的"民意正当性"不一样。[266] 民意如流水，随时变化，没有结果。而天命正当性与历史正当性完全是要看结果的，这也就是前面讲到的船山对于善的诠释是"处焉而宜"。那么，是谁来承担结果呢？是政治家来承担。由于中西方在天命正当性与民意正当性上的分野，连带着对于政治家重要性的理解也不一样。中国人较之西方人远为重视政治以及政治家的作用，与此相联系的是对党员干部修养的重视，西方对于党员、官员的要求只是法律的底线要求而已。

6. 党的自我监督

与党的全面领导相应的是党的自我监督，党内监督无死角全覆盖，党成功解决了自我监督的问题。

组织部、纪委是西方政制所没有的，但恰恰是中国政制的要害所在，分别关涉对官员的选拔和监督，也恰恰最根植于中国自己深厚的历史文明传统，继承与转化了中国历史上的吏部、监察御史制。

组织部、纪委这些是真东西，与此相关的问题是真问题、要害问题，是中国政治学的核心问题。我们不应该以西方政治学的问题来图解、曲解我们自己，而是要从我们的历史文明深处来找自己的真实问题，从而深刻解释当代中国政治实践。

7. 统一战线的文明意义："至大无外，谓之大一"

中国共产党的全面领导由党内扩展于党外，则是统一战线，其动态灵活性，使得其能把各种新群众、新阶层不断纳入到其组织动员体系中。

统一战线既是中国共产党对于现代政治的创新，同时在深层次上，又是不易为人觉察地契合中国文明的大国政治的原理，以《庄子·天下》所谓"至大无外，谓之大一"可对此加以更好的理解。这也是中国共产党作为文明型政党的特质所在。

（三）与党的全面领导相应的是党继承中国文明固有的集政、教于一身的伟大传统

与党的全面领导相应的是党继承中国文明固有的集政、教于一身的伟大传统，譬如北辰能够"居其所而众星共之"是在于"为政以德"作为保证，党的全面领导是与党的作风联系在一起的。党继承中国文明固有的集政、教于一身的伟大传统，只有在中国共产党作为文明型政党的脉络下，才能得到深刻的理解。

1. 党的建设尤其是作风建设："政者，正也"

中国共产党强调党的优良传统和作风，其中的三大作风，即"理论和实践相联系的作风、和人民群众紧密联系在一起的作风、批评和自我批评的作风"尤为重要。

"政者，正也"，中国共产党要求党纪严于国法，不分私德与公德。整顿作风需要集中的运动，这是基于对于人性的深刻理解，需要隔一段时间就进行运动式的主题教育、整顿。

中国共产党人将党风问题上升到关系党生死存亡的高度，这充分体现在《中国共产党章程》中的规定："党风问题、党同人民群众联系问题是关系党生死存亡的问题。"

2. 党的学习品格：学习型政党与党的各级党校

中国共产党具有世界上独一无二的各级、各部门党校，党校不仅承担了党的干部培养，更承担了党的思想、理论统一的重要功能。

中国共产党在世界政党中所具有的独一无二的学习品格，是对于中国文明传统的继承与发扬光大。《论语》作为中国文明传统中人人必读的一部经典，开宗明义就说"学而时习之"的学习问题。这

一学习是首先解决自身安身立命的"为己之学"，进而是明明德、亲民、止于至善的"大人之学""内圣外王之道"，以达到"成己成人"。在制度安排上则是世界文明史上独有的科举制度，一方面是"学而优则仕"，另一方面是"仕而优则学"。

中国共产党作为世界上独有的学习型政党，正是中国共产党作为文明型政党的突出表现，而这也是西方政治学的政党政治所无法理解的。

3. 党所具有的深厚历史意识的精神品格

就中国文明的经学传统与历史书写传统而言，二者共同承担了提供政治秩序正当性与文明意识的双重功能。而今天的党史与党建以及中国化马克思主义理论，则承担了中国文明传统的经学、史学的功能，形成了中国共产党的新的经史合一的关系。

4. 党员干部的无神论要求与普通群众的自由信教的宗教政策的并行不悖

党员干部的无神论要求是由中国文明所具有的人文性所决定的。从中国历史来看，明朝万历年间焦竑、袁宏道、董其昌等一批朝廷官员与李贽一同被处分，就是因为他们将佛教带入朝廷政治中。

党还负有对于全社会的正人心、厚风俗的德性责任，这是对于中国文明传统的政教合一，即政治与教化合一的传统的承继，而这有别于西方政教关系为政治与宗教的关系。

5. 中国共产党有其作为党的认识论

实事求是、群众路线、独立自主，以及辩证法、矛盾论、实践论，既是马克思主义所带来的，又在中国化中具有中国文明的品格。毛泽东提出："我们要求把辩证法逐步推广，要求大家逐步地学会使用辩证法这个科学方法。"[267]"辩证法应该从哲学家的圈子走到广大人民群众中间去。"[268]

6. 党性、共产党人的精神的政治学意义与文明意义：政治之"善"

党性是对于士大夫精神的继承与创新，不同于士大夫精神的是其现代政党的组织性与纪律性。党性与人民性在中国共产党这里获得统一。

中国共产党人特别强调精神，精神并不全然是主观的，而是前面提到的王船山所诠释的政治之"善"。王船山不是按通行想法将"善"理解为道德的主观态度，而是把"善"诠释为"处焉而宜"，指把事情办得适宜，这完全是客观行为的结果。中国共产党人的精神正是政治之"善"的最好体现。

7. 革命精神、斗争精神的精神品格给中国文明增加了新的文明气质

革命精神、斗争精神的精神品格，使得中国共产党在继承中国文明传统的士大夫精神的基础上，更增加了新的文明气质。新与旧的精神熔铸为一。包括"统一战线"等"各条战线"的说法，其实是对于战争经验的抽象继承。

斗争精神表现在对工作中遇到的各种艰难、险阻、挑战敢于斗争并善于斗争。斗争精神还体现在内部的思想路线斗争，中国共产党在对于"左"与右的各种错误路线的斗争中获得团结。

与斗争精神相联系的是对于矛盾的深刻把握，这要求能不被纷繁复杂现象所眩，而能透过现象看到本质，看到事物所具有的内部联系，抓住主要矛盾，抓住矛盾的主要方面。从共产党员的初心、党员的先进性、纯洁性以及中国共产党人的精神谱系，可以看出中国共

产党所强调的"心""精神"所具有的文明普遍意义。中国共产党强调"心""精神"，把握了大本大源，从而能深刻地把握内在的心性与外在的国家、文明的由内而外的透显关系。

（四）党对于中国文明的文明意识的自觉继承与发展

1. 中国共产党在建党百年的历史时刻，愈加激发其自觉的文明意识

中国文明作为世界史上唯一的连续未断裂的文明，其延续在根本上是靠着文明意识的内聚力。这体现在经学以及《资治通鉴》等史学所凝聚的中国之为中国的中国文明意识。"文化强国"在"体"上而言，根本上的最终目标是文明意识及其文明内聚力。

中国共产党作为具有百年历史的大党，超越了现代西方政党制度，成为一种新文明形态。对于中国共产党有了作为一种新文明形态的自觉认识之后，则对于中国道路根源于中国文明亦有相应的认识。中国道路与中国文明二者之间古今一以贯之的是"道"，中国道路也将上升到"道"的新文明原理的高度。

2. 中国共产党关于中国与世界的关系

天安门的"中华人民共和国万岁"与"世界人民大团结万岁"，与中国文明的"治国平天下"的精神具有内在关联。中国共产党一方面坚持其独立自主的民族精神，同时其继承中国文明"天下一家"的思想，使得中国共产党将其共同富裕、共同发展的理念扩展于全球化下的共赢共享，最终将超越西方赢者通吃的思维。

因此，认识今天中国面向未来的新文明的想象力，首先要深刻

理解中国共产党的文明意义，要突破简单地以政党尤其是套用西方的政党来理解中国共产党而出现各种扞格不通的限制，要以文明来想象中国共产党，中国共产党是文明型政党，本身也将形塑新文明，进而成为新文明，必须意识到中国文明所具有的生长性，这就是中国共产党的文明意义不断深入、延展的三层文明意义。

要深刻认识中国共产党的文明意义，接下来还要从文明史、中西文明史比较的视野来看中国共产党对于西方政党政治的超越，中国共产党对于中国文明传统儒家士大夫政治的继承与超越，进而更进入中国文明传统内部看中国共产党的典章制度的自觉、中国共产党建构新政教传统、中国共产党的文明底层结构。

三

中、西文明史视野看中国共产党对于西方政党政治、儒家士大夫政治的超越

（一）中国共产党对于西方政党政治的超越

中、西体制分别选择一党执政制与多党竞选制，是基于各自的文明传统。中国大一统的郡县制及四民社会下的士大夫官僚政治，与西方的封建世袭制，分别是中西方进入现代政治之前的两种不同的政治社会形态，也是一党执政制与多党制的历史文明根源所在。

士大夫文官政治与中国古代社会结构相伴相生且彼此影响：秦汉尤其是隋唐以下的中国社会是以士农工商为主体的四民社会，社会充满流动性，士不是世袭的，完全从另三个层级通过科举考试而产生，从而也就能超越各主要阶层利益。"士"集政治、文化于一体，"士"之一元是"理一分殊"意义上的"一"，代表着整全与最广大的"公"。

西方中世纪则没有像中国这样具有代表最广大民众也是具有一元性特点的士大夫阶层的历史文明经验。西方从古希腊开始，政体的常态都是城邦或小国，在古希腊，民主仅限于少数公民，广大的奴隶被完全排除在外；罗马帝国衰亡后，西方中世纪出现小国林立的世袭封建制，掌握政权的国王、领主是世袭的，掌握军事的骑士阶层也

是世袭的，但文化却不掌握在上述的统治阶层手上，而掌握在基督教教士手上，再下面则是众多的农民和农奴。更为严重的是，阶级固化、阶级对立严重，政治、经济、军事、文化分别掌握在不同阶层手上。这些对立、分裂的阶层，在近代则进一步发展为三级会议这样的等级代表会议。17世纪初西方基督教世界各个国家都有等级代表会议，各级之间充满斗争，并由此而演生出多党制，代表不同阶级的利益互相制衡。

在更深层次上，中国的一党执政有着深刻的文明根基。一党执政之"一"，就是全体社会，是代表"社会整体性"、代表全体中国人民利益的社会主义政党，它是对西方"政党"（party）原本的"部分"（part）、"个别代表性"[269]等意义的超越。而且，中国共产党的这种"一"，也不同于西方所谓的全民党，中国共产党所代表的中国人民的利益，不是不同阶层利益的简单相加，而是对"人民"整体性、功能性的动态把握。这一政治设计背后是不同于西方分类式哲学和分裂式世界观的中国式世界观和哲学传统——中国共产党的"一"要用中国宋明理学的"理一分殊"思想才能更好地解释清楚。从这个意义上来说，中国学习西方后所产生的政党政治，也不是西方意义上的选举斗争政治，而是重新回到中国意义上一元的、代表全社会整体的新的士大夫政治。

（二）中国共产党对于儒家士大夫政治的继承与超越

中国共产党政党政治既是在制度尤其在制度的"精神""精意"，也是在德性上，对于中国文明传统中儒家士大夫政治的继承与超越。

党的机构职能体系，不在"名"上，而在"实"上继承、转化了中国文明传统的核心要素，尤其体现在官员的选拔任用与监督上：组织部是对明清"吏部"的继承、转化，其在识人、选人、用人、考核上累积和发展了丰富的政治经验；纪委、监察委的设置则承袭、发展了中国文明传统甚为发达完备的御史台之监察制度。二者形成了熔铸古今于一体的新政治传统。

党的全面领导、党中央的集中统一领导以及党对中央到地方各级领导干部的任命制，也是在根本上继承中国文明的大一统政治传统。

中国共产党一直强调党的建设，尤其强调党的作风建设、强调共产党员的修养，党的十八大以来尤其强调全面从严治党、党的自我革命精神以及党纪严于国法、共产党员的心学，这些都是对于中国文明传统的儒家士大夫以天下为己任、内圣外王之道的士大夫精神的继承与转化。士大夫政治除了士大夫文官官僚制度这一整套完备的制度保证，同样重要的是士大夫德性修养的内在约束与保证，这就是士大夫精神。士之为士，在于持守"修己治人"的"内圣外王"之道，所以士大夫文官政治乃是德性政治。德性政治的"德性"并非人们所误解的道德理想主义，而是意味着政治理性和政治智慧。

中国共产党的政党政治一方面承袭了传统士大夫文官政治，另一方面作为现代政党又以其高度组织性、纪律性克服了传统士大夫政治的组织力不够以及党争等问题，从而也超越了士大夫政治。

（三）中国共产党的典章制度的自觉

中国文明传统有着世界文明史上最为深厚的典章制度的传统，这体现在历代职官志以及《通典》。今天需要有对于中国共产党所形成的"新政治传统"的自觉整理意识，尤其是"典章制度"的系统、全面整理的自觉意识。

清代学者章学诚在其《文史通义》一书中强调政治传统的累积性。他认为，周公创制乃是"集千古之大成"。周公、孔子二人的位置分别是：周公"集治统之成"，孔子"明立教之极"，[270] 二人各自在政、教的传统上集大成。

章学诚说周公、孔子分别是古代政教之集大成，这是讲政治传统的累积性。作为百年大党的中国共产党，毫无疑问也非常注重这样的累积性。我们有两个传统：一个是中国政治传统，这是老的传统，却是活着的传统，历久而弥新；另一个就是中国共产党领导的政党政治、国家治理的新政治传统，与前者亦有深层次的历史连续性。[271] 人民熟视无睹的"党的优良传统"，需要放在典章制度的高度以及政治学原理的高度来加以新的理解。

（四）新内圣外王之道：新时代党的建设形成了"新道统""新治统"与"新政教传统"

新时代党的建设一以贯之的一条主线是"加强党的长期执政能力建设、先进性和纯洁性建设"，这是中国共产党对于中国文明的"内圣外王之道"的继承与发展，也就是建构党的新内圣外王之道。

先进性和纯洁性建设为"内圣"，党的长期执政能力建设为"外王"。
"内圣"是为了"外王"，先进性和纯洁性建设最终也要落实为党的
长期执政能力建设。

中国共产党在党的建设中形成了新道统、新治统，形成了新的
政教传统，但又是在继承中国文明传统的基础上的"其命维新"的新
创造。

（五）中国共产党的文明底层结构

深刻理解中国共产党与中国文明的内在关系，从根本上要把握
中国文明的底层结构。

中国文明的最底层结构是从夏、商到西周自然发展而达到成熟
的礼乐文明，是"人民群众日用而不觉"的生活方式。而礼乐文明
传统的抽象精神，即一以贯之之"道"，是《礼记》所说的"亲亲"
与"尊尊"、"仁"与"义"二者之间的文化价值张力。"尊尊"之
"义"，代表《礼记》所说的"别异"之"秩序"；"亲亲"之"仁"，
代表《礼记》所说的"合同"之"和谐"。

"亲亲"与"尊尊"、"仁"与"义"的文化价值，落实在政治社
会的一整套制度安排上，在政治层面，则是"设官分职、任贤使能"
的士大夫政治的政治组织方式；在社会层面，则是以家族、家庭为根
本的社会组织方式。

"亲亲"与"尊尊"、"仁"与"义"作为政治、社会的两大根本
原则及其组织方式，在中国共产党开创的中国道路中得到深层次的继
承与转化。

中国文明、中国革命、中国社会主义的三重普遍性

（一）中国革命具有的普遍性意义

毛泽东的《为人民服务》开宗明义讲到我们共产党的革命队伍的宗旨是为人民服务，是为解放人民的。他说："我们的共产党和共产党所领导的八路军、新四军，是革命的队伍。我们这个队伍完全是为着解放人民的，是彻底地为人民的利益工作的。"又饱含感情地说到共产党人解救中国人民的责任以及我们为人民而死的神圣意义。[272]

《为人民服务》中这些如 2500 年前的《论语》一样，由平凡而入于神圣的日常话语同时也是具有普遍性的话语，正是最好地诠释了中国革命所具有的普遍性。中国革命既是近现代世界革命的一部分，具有革命的普遍性意义，即世界革命所具有的普遍性意义；同时又以中国 5000 多年文明、中国近现代史自身的特点，使得中国革命具有其现代中国之为现代中国的革命特质。

（二）中国社会主义具有的普遍性意义

中国共产党领导中国革命胜利后，确立了中国社会主义制度，中国社会主义制度同样具有社会主义的普遍性意义，即世界社会主义

的普遍性意义；同时也以中国自身 5000 多年文明以及中国近现代史
自身的特点，使得中国社会主义具有其现代中国之为现代中国的新文
明特质。

欧洲的社会主义进入中国，就如同当年印度的佛教进入中国一
样，佛教在印度消亡，却在中国发扬光大，尤其是中国发展出了中国
大乘佛教，这是因为佛教的平等心契合中国文明儒家、道家等各家的
内在精神。中国具有大乘佛教发展的最好社会、政治土壤与文明土
壤。现代中国也同样具有社会主义发展的最好文明土壤。

从西周以来 3000 年的中国文明史来看，西周分封制是中国文明
的第一次创制，秦汉以下的郡县制是第二次创制，中国共产党确立的
社会主义制度则是第三次伟大创制。因此，深圳被中央确立为中国
特色社会主义先行示范区所具有的前所未有的制度自信则具有指标性
意义。

（三）中国文明具有的普遍性更为增强了中国革命、中国特色社会主义的普遍性

中国革命所具有的普遍性，中国特色社会主义所具有的普遍性，
根本上是来自作为二者底层结构的中国文明的普遍性。考古学家张
光直将世界文明分为原生道路文明与次生道路文明，中国是世界文明
史上唯一的连续、未断裂的原生道路文明，西方文明则是一次次断裂
的次生道路文明。[273] 西方文明作为断裂的次生道路文明，并没有其
近代以来自诩的普遍性，反而是属于例外。中国作为唯一的原生道
路文明，由于其原生的自然生长性，较之西方文明恰恰更具有普遍

性，更有可能提供文明发展的未来多种样态。中国文明作为唯一的连续未断裂的文明，给世界提供了最为完整的文明发展样态。美国日裔学者福山提出中国早在 2000 年前的秦朝就确立了西方近代才有的现代国家官僚体制。他说，早在秦朝，"中国就独自创造了韦伯意义上的现代国家，即，中国成功地发展出了一个中央集权的、统一的官僚政府，去治理广大的疆域与人口"[274]。中央集权的大一统也是从秦汉一直延续至今，中国文明以大一统为常态，而欧洲在罗马帝国崩溃后就再也没有出现欧洲一统的帝国，现在的欧盟试图打造欧洲的大一统，内部却充满分裂，困难重重，未来难以预料。中国文明连续未断裂的原生道路带来的普遍性，更为增强了中国革命、中国特色社会主义的普遍性。也可以说，中国革命的普遍性、中国特色社会主义的普遍性本身就是在中国文明的普遍性中内在、自然地演化、生长出来的。古今"中国"之为"中国"，具有古今一体连续的文明普遍性，由此中国文明、中国革命、中国特色社会主义形成了内在一体的三重普遍性。中国共产党领导的中国革命、中国特色社会主义，同时也是"百年大党，其命维新"的最本质体现。

中国共产党的三层文明意义：中国共产党是新型的文明型政党，本身将形塑新文明，进而成为新文明

中国共产党在实现第二个百年奋斗目标，即全面建成社会主义现代化强国之日，就是中国文明的全面复兴之日，中国进而则延展出面向未来的新文明的想象力。而这首先要深刻认识中国共产党的文明意义，要突破简单地以政党尤其是套用西方的政党来理解中国共产党而出现各种扞格不通的限制，要以文明来想象中国共产党，中国共产党是新型的文明型政党，本身也将形塑新文明，进而成为新文明，必须意识到中国文明所具有的生长性，这就是中国共产党的文明意义不断深入、延展的三层文明意义。

中国在农业文明时代长期领先于世界，在工业文明时代则落后、挨打而奋起赶超。在工业文明之后最新的数字文明，与中国的农业文明具有高度的契合性。西方工业文明具有对于自然等的巨大破坏性，中国文明因而在对其学习中必然存在一些矛盾、抵触、冲突。但数字文明则不一样，中国真是如鱼得水，在数字化技术的最新发展尤其是5G上第一次与西方站在差不多的起点上。

数字文明互联互通的思维与中国农业文明的思维具有高度的相通性。中国文明过往是一种农业大国文明，它所具有的"天人相应"文明原理天然地具有整体、循环的思维方式，这在工业文明时代一度

被认为是落后的，而在数字文明时代则将重新空前地激发其内在的活力。"天人相应"中最直接的是人与土地、大地、陆地的紧密一体关系，与大地相应的"风土人情"具有文明意涵。

数字化也与中国文明的大一统具有高度的契合性，数字化的技术将使大一统更为彻底化。中国在农业文明时代长期领先于世界，在工业文明时代则落后挨打而奋起赶超，而在数字文明时代则有可能重新领先于世界，从而"回到历史的中国"。这同时也意味着面向未来的新文明想象力，即对于下一个 500 年乃至千年的文明想象力。

熔铸农业文明、工业文明、数字文明和生态文明为一体的中国新文明，将会以农业国大文明的思维结合数字文明的思维来发展工商业，发展数字经济，并将重建人与土地不可分离的共生关系，其中也包括人在具体时空中的历史感。这一切涉及新文明的远大抱负，未来的文明史正在铺展开来。

习近平总书记提醒全党同志，"网络安全和信息化事关党的长期执政，事关国家长治久安，事关经济社会发展和人民群众福祉，过不了互联网这一关，就过不了长期执政这一关"[275]。这一方面是如当年中国共产党第一代领导人毛泽东一样看到未来的预见性，即看到了数字文明的未来；另一方面也是代表中国共产党人创造新文明的自觉意识。从毛泽东到今天新时代中国共产党人，始终能预见性地看到未来；而始终能预见性地看到未来，则来自中国共产党人始终保持初心；初心在百年党史的具体历史中展开，诚所谓"百年大党，其命维新"。*

---

* 该文首发于《中国文化研究》2021 年第 3 期，收入本书时有修改。

后记

党的二十大报告指出：坚持和发展马克思主义，必须同中华优秀传统文化相结合。只有植根本国、本民族历史文化沃土，马克思主义真理之树才能根深叶茂。

为研究马克思主义与中华优秀传统文化相结合这个重大理论实践命题，由中国青年出版总社总编辑陈章乐倡议，由来自清华大学、北京大学、中共中央党校（国家行政学院）、中国人民大学、复旦大学、山东大学等高校学者，通过在线研讨，分工负责，共同创作，编写本书。

本书围绕马克思主义与中华优秀传统文化相结合这个主题，由鄢一龙负责执笔撰写全书导言。全书分为三个部分：第一部分《大道相通》，主要回答马克思主义与中华优秀传统文化相结合的内涵，由白钢、何中华负责；第二部分《大道相融》，主要回答马克思主义与中华优秀传统文化相结合的历程，由周展安、王学斌负责；第三部分《大道相成》，主要回答马克思主义与中华优秀传统文化相结合如何推动马克思主义中国化时代化的创新，由戴熙宁、鄢一龙、孔新峰、姚中秋、谢茂松负责。

中国青年出版总社社长皮钧倡议出版"青学术"系列著作，以学术回应时代之问，以青年喜闻乐见形式传播思想。本书是该系列较早推出的一种。感谢尚莹莹等编辑人员高效组织和辛勤工作，使得本书能够在较短时间内和读者见面。

"创造者寻找的是共同创造者，他们要把新的价值写在新的碑上。"马克思主义与中华优秀传统文化的结合，本质上是相通、相融、相成的创造性过程。在这个需要思想，也会产生思想的时代，唯有以创造性精神不断回应历史与时代的"大哉问"，做出与这个前所未有的大时代相媲美的思想创新，才无愧于对伟大思想的伟大继承。

本书编写组

2023 年 2 月

[1] 在此"生生"之道下，儒道之取径又有所不同：儒家则乐天知命，象天之行而自强不息，"知周乎万物，而道济天下，故不过；旁行而不流，乐天知命，故不忧；安土敦乎仁，故能爱"（《周易·系辞上》），"其为人也，发愤忘食，乐以忘忧，不知老之将至"（《论语·述而》），敦守人伦，慎终追远，以子孙之繁衍生育为个体生命之延续，以立德、立功、立言求超越有限生命之不朽。道家则顺天安命，庄子著作尤多此类表述，如"死生，命也；其有夜旦之常，天也。人之有所不得与，皆物之情也"，"大块载我以形，劳我以生，佚我以老，息我以死。故善吾生者，乃所以善吾死也"（《大宗师》），"适来，夫子时也；适去，夫子顺也。安时而处顺，哀乐不能入也"（《养生主》），更有"不知悦生，不知恶死。其出不欣，其入不距。翛然而往，翛然而来而已矣"（《大宗师》）之真人境界。丹道则又与此种超逸无为之道家有所差别，而要以有为之法，与自然之生老病死的规律相抗衡并克服超越之，以"盗天地，夺造化，攒五行，会八卦"（《入药镜》）之气魄与功夫，追求在"与天争衡"中逆天改命，所谓"顺则凡，逆则仙"（《无根树》），"我命在我不在天"（《抱朴子·内篇》），"改形免世厄，号之为真人"（《周易参同契》）。这种贯穿着盗天地阴阳之机而逆用、自主命运而得解脱的思想与实践，是极具主体意识和革命精神的超越个体有限性的尝试，是"生生"的原则最彻底也最富于斗争意味的展现之道。

[2] 《中庸》："诚者，天之道也；诚之者，人之道也。诚者不勉而中，不思而得，从容中道，圣人也。诚之者，择善而固执之者也"，"唯天下至诚，为能尽其性；能尽其性，则能尽人之性；能尽人之性，则能尽物之性；能尽物之性，则可以赞天地之化育；可以赞天地之化育，则

可以与天地参矣"，"诚者，自成也。而道，自道也。诚者物之终始，不诚无物。是故君子诚之为贵。诚者非自成己而已也，所以成物也"。《大学》所言"格物致知诚意正心"亦本乎此。

[3] 《周易·乾》卦辞："乾，元亨利贞"，《周易·乾·文言》："元者，善之长也。亨者，嘉之会也。利者，义之和也。贞者，事之干也。君子体仁足以长人，嘉会足以合礼，利物足以和义，贞固足以干事。君子行此四德者，故曰乾元亨利贞"，又云："乾元者，始而亨者也。利贞者，性情也。乾始能以美利利天下"。孔颖达疏："元，始也；亨，通也；利，和也；贞，正也。言此卦之德，有纯阳之性，自然能以阳气始生万物，而得元始、亨通，能使物性和谐，各有其利，又能使物坚固贞正得终"（《周易正义》卷二）。

[4] "信"这一概念，在《中庸》中也已具有一定的重要性（"获乎上有道，不信乎朋友，不获乎上矣；信乎朋友有道，不顺乎亲，不信乎朋友矣"），在西汉时，则由董仲舒将之与仁义礼智并举，上升为与天地同存的"常道"（《举贤良对策一》："夫仁、谊、礼、知、信，五常之道"），"五常"之说，影响延绵至今。

[5] 此说由章学诚在《文史通义》中明确提出，而在其之前，六经出于史、六经自有史、经史互为表里之说已颇为流行。近代以来，龚自珍与章太炎皆持"六经皆史"的观点。无论此说是否成立，以史作为经之最重要的演绎—表现形式，则为诸家所共许。

[6] 可参考马克思《关于费尔巴哈的提纲》中的经典论断："从前的一切唯物主义（包括费尔巴哈的唯物主义）的主要缺点是：对对象、现实、感性，只是从客体的或者直观的形式去理解，而不是把它们当作感性的人的活动，当作实践去理解，不是从主体方面去理解。"

[7] 孔颖达《周易正义》卷首第一《论"易"之三名》，引郑玄《易赞》及《易论》云："易一名而含三义：易简，一也；变易，二也；不易，三也。"又引崔觐、刘贞简，阐发为："不易者，言天地定位，不可相易。变易者，谓生生之道，变而相续"，"易简"者，则"无为之道"。对应于"无为之道"的"易简"（郑玄引《系辞》

作解云："夫乾，确然示人易矣。夫坤，隤然示人简矣"，"易则易知，简则易从"，"此言易简之法则也"），此后则渐渐演化（接纳—理解）为"简易"。

[8] 例如："天下皆知美之为美，斯恶矣；皆知善之为善，斯不善矣。故有无相生，难易相成，长短相形，高下相倾，音声相和，前后相随"（第二章），"天长地久。天地之所以能长且久者，以其不自生也，故能长生。是以圣人后其身而身先，外其身而身存，不以其无私邪，故能成其私"（第七章），"曲则全，枉则直；洼则盈，敝则新；少则得，多则惑，是以圣人抱一为天下式。不自见，故明；不自是，故彰；不自伐，故有功；不自矜，故长。夫唯不争，故天下莫能与之争"（第二十二章），"反者道之动，弱者道之用。天下万物生于有，有生于无"（第四十七章），"为学日益，为道日损。损之又损，以至于无为。无为而无不为。取天下常以无事。及其有事，不足以取天下"（第四十八章），"天下多忌讳，而民弥贫；人多利器，国家滋昏；人多伎巧，奇物滋起；法令滋彰，盗贼多有"（第五十七章），"是以圣人方而不割，廉而不刿，直而不肆，光而不耀"（第五十八章），"人之生也柔弱，其死也坚强。草木之生也柔脆，其死也枯槁。故坚强者死之徒，柔弱者生之徒。是以兵强则灭，木强则折。强大处下，柔弱处上"（第七十六章）。

[9] 《素问·生气通天论》："阴平阳秘，精神乃治，阴阳离决，精气乃绝"；《素问·三部九候论》："无问其病，以平为期"；《素问·至真要大论》："谨察阴阳所在而调之，以平为期，正者正治，反者反治"，"皆随胜气，安其屈伏，无问其数，以平为期，此其道也"。

[10] 对于民心民意，尚未提升到天心天意的高度，但以之为政治之本的观点，如："政之所兴，在顺民心；政之所废，在逆民心。民恶忧劳，我佚乐之；民恶贫贱，我富贵之；民恶危坠，我存安之；民恶灭绝，我生育之"（《管子·牧民》），"先王先顺民心，故功名成。夫以德得民心以立大功名者，上世多有之矣。失民心而立功名者，未之曾有也"（《吕氏春秋·顺民》）。

[11] 亦可对照《庄子·大宗师》有关"三日而后能外天下"、"七日而后能外物"、"九日而后能外生"乃至能"朝彻"、"见独"、"无古今"、"入于不死不生"之说。

[12] 《孟子·尽心下》:"可欲之谓善,有诸己之谓信,充实之谓美,充实而有光辉之谓大,大而化之之谓圣,圣而不可知之之谓神。"

[13] 对于以平等与觉悟作为社会主义道体之核心品质的讨论,参阅鄢一龙、白钢、吕德文、刘晨光、江宇、尹伊文:《天下为公:中国社会主义与漫长的21世纪》第一章,中国人民大学出版社2018年版。

[14] 《论人民民主专政》,《毛泽东选集》第四卷,人民出版社1991年版,第1471页。

[15] 马克思:《哲学的贫困(节选)》,《马克思恩格斯选集》第一卷,人民出版社1995年版,第144页。

[16] 钱穆:《中国史学名著》,生活·读书·新知三联书店2000年版,第151页。

[17] 许慎:《说文解字》,中华书局1963年版,第7页。

[18] 同上,第175页。

[19] 《毛诗正义》,《十三经注疏》上册,中华书局1980年版,第528页。

[20] 王念孙:《广雅疏证》上册,张其昀点校,中华书局2019年版,第64页。

[21] 《有关学问之道与术》,钱穆:《新亚遗铎》,生活·读书·新知三联书店2004年版,第409页。

[22] 《尔雅》,中华书局2016年版,第15页。

[23] 刘熙:《释名》,中华书局2016年版,第75页。

[24] 程颐:《周易程氏传》卷第一,《二程集》下,王孝鱼点校,中华书局1981年版,第749页。

[25] 同上。

[26] 司马迁:《史记》第六册,中华书局1982年版,第1906页。

[27] [美] 艾恺：《最后的儒家——梁漱溟与中国现代化的两难》，王宗昱、冀建中译，江苏人民出版社 1996 年版，第 4 页。

[28] 《恩格斯致奥古斯特·倍倍尔（1886 年 1 月 20—23 日）》，《马克思恩格斯全集》第三十六卷，人民出版社 1975 年版，第 414 页。

[29] 《中国革命战争的战略问题》，《毛泽东选集》第一卷，人民出版社 1991 年版，第 181 页。

[30] 马克思：《关于费尔巴哈的提纲》，《马克思恩格斯选集》第一卷，人民出版社 1995 年版，第 56 页。

[31] 恩格斯：《路德维希·费尔巴哈和德国古典哲学的终结》，《马克思恩格斯选集》第四卷，人民出版社 1995 年版，第 213 页。

[32] 同 30，第 57 页。

[33] 恩格斯：《在马克思墓前的讲话》，《马克思恩格斯选集》第三卷，人民出版社 1995 年版，第 777 页。

[34] [德] 弗·施勒格尔：《浪漫派风格——施勒格尔批评文集》，李伯杰译，华夏出版社 2005 年版，第 220 页。

[35] [德] 弗·施勒格尔：《雅典娜神殿断片集》，李伯杰译，生活·读书·新知三联书店 1996 年版，第 61 页。

[36] 马克思：《〈黑格尔法哲学批判〉导言》，《马克思恩格斯选集》第一卷，人民出版社 1995 年版，第 9 页。

[37] 马克思、恩格斯：《神圣家族》，《马克思恩格斯全集》第二卷，人民出版社 1957 年版，第 152 页。

[38] 同上。

[39] 梁启超：《论中国学术思想变迁之大势》，上海古籍出版社 2001 年版，第 11 页。

[40] 钱穆：《中国文化特质》，汤一介主编：《中国文化与中国哲学 1987》，生活·读书·新知三联书店 1988 年版，第 29 页。

[41] 马克思：《1844 年经济学哲学手稿》，人民出版社 2000 年版，第 85 页。

[42] 同 36，第 11 页。

[43] 马克思、恩格斯:《德意志意识形态（节选）》,《马克思恩格斯选集》第一卷, 人民出版社 1995 年版, 第 74—75 页。

[44] 同上, 第 122 页。

[45] 同 41, 第 81 页。

[46] 马克思、恩格斯:《共产党宣言》,《马克思恩格斯选集》第一卷, 人民出版社 1995 年版, 第 294 页。

[47] 同 43, 第 119 页。

[48] [英] 赫德逊:《欧洲与中国》, 王遵仲等译, 中华书局 1995 年版, 第 8 页。

[49] [英] 艾伦·麦克法兰:《英国个人主义的起源》, 管可秾译, 商务印书馆 2008 年版, 第 11 页。

[50] 同上, 第 1 页。

[51] [英] 埃里克·霍布斯鲍姆:《如何改变世界:马克思和马克思主义的传奇》, 吕增奎译, 中央编译出版社 2014 年版, 第 23 页。

[52] 同 48, 第 298 页。

[53] 马克思、恩格斯:《德意志意识形态》,《马克思恩格斯全集》第三卷, 人民出版社 1960 年版, 第 275 页。

[54] 同上, 第 516 页。

[55] 同 41, 第 81 页。

[56] 恩格斯:《政治经济学批判大纲》,《马克思恩格斯全集》第一卷, 人民出版社 1956 年版, 第 603 页。

[57] 马克思:《青年在选择职业时的考虑》,《马克思恩格斯全集》第四十卷, 人民出版社 1982 年版, 第 7 页。

[58] 同上。

[59] 马克思:《德谟克利特的自然哲学和伊壁鸠鲁的自然哲学的差别》,《马克思恩格斯全集》第四十卷, 人民出版社 1982 年版, 第 190 页。

[60] [法] 保尔·拉法格:《忆马克思》, 中共中央编译局编:《回忆马克思》, 人民出版社 2005 年版, 第 187 页。

[61] 马克思：《第六届莱茵省议会的辩论（第一篇论文）》，《马克思恩格斯全集》第一卷，人民出版社 1956 年版，第 87 页。

[62] 同上。

[63] 《马克思致约瑟夫·魏德迈（1859 年 2 月 1 日）》，《马克思恩格斯全集》第二十九卷，人民出版社 1972 年版，第 550—551 页。

[64] 《马克思致齐格弗里特·迈耶尔（1867 年 4 月 30 日）》，《马克思恩格斯全集》第三十一卷，人民出版社 1972 年版，第 543 页。

[65] 《马克思致恩格斯（1859 年 1 月 21 日）》，《马克思恩格斯全集》第二十九卷，人民出版社 1972 年版，第 371 页。

[66] 梁漱溟：《自述》，《梁漱溟全集》第二卷，山东人民出版社 1990 年版，第 3 页。

[67] 梁漱溟：《中国文化要义》，学林出版社 1987 年版，第 2 页。

[68] 同上，第 5 页。

[69] 同上，第 2 页。

[70] 同上，第 4 页。

[71] 钱穆：《八十忆双亲 师友杂忆》，生活·读书·新知三联书店 1998 年版，第 46 页。

[72] 马克思：《集权问题》，《马克思恩格斯全集》第四十卷，人民出版社 1982 年版，第 289 页。

[73] 同上，第 289—290 页。

[74] 马克思：《第 179 号"科伦日报"社论》，《马克思恩格斯全集》第一卷，人民出版社 1956 年版，第 121 页。

[75] 同上，第 120 页。

[76] 黎靖德编：《朱子语类》第八册，王星贤点校，中华书局 1994 年版，第 3088 页。

[77] 参见张载：《近思录拾遗》，《张载集》，章锡琛点校，中华书局 1978 年版，第 376 页。

[78] 顾炎武：《日知录集释》，黄汝成集释，岳麓书社 1994 年版，第 471 页。

[79] 《沁园春·长沙（1925 年）》，《毛泽东诗词选》，人民文学出版社 1986 年版，第 6 页。

[80] 《新学伪经考》，《康有为全集》第一集，中国人民大学出版社 2007 年版，第 355 页。

[81] 《文化偏至论》，《鲁迅全集》第一卷，人民文学出版社 1981 年版，第 56 页。

[82] 《中国共产党在民族战争中的地位》，《毛泽东选集》第二卷，人民出版社 1991 年版，第 534 页。

[83] 章太炎：《演说录》，《民报》第六号，1907 年 1 月 10 日。

[84] 黄宗羲：《明儒学案》卷十，中华书局 1985 年版，第 178 页。

[85] 焦循：《雕菰集》卷八，中华书局 1985 年版，第 123 页。

[86] 王阳明：《王文成公全书》，中华书局 2015 年版，第 34—35 页。

[87] 同上，第 39 页。

[88] 陈确：《陈确集》，中华书局 1979 年版，第 467 页。

[89] 同上，第 468 页。

[90] 颜元：《颜元集》，中华书局 1987 年版，第 484 页。

[91] 张伯行：《正谊堂文集》，转引自侯外庐、邱汉生、张岂之主编：《宋明理学史》（下），人民出版社 1987 年版，第 940 页。

[92] 戴震：《与段若膺书》，载《孟子字义疏证》，中华书局 1961 年版，第 186 页。

[93] 章学诚：《文史通义校注》，中华书局 1985 年版，第 1 页。

[94] 同上，第 120 页。

[95] 章学诚：《答邵二云书》，载《章学诚遗书》，文物出版社 1985 年版，第 646 页。

[96] 章太炎：《历史的价值》，《章太炎演讲集》，上海人民出版社 2011 年版，第 207 页。

[97] 梁启超：《近代学风之地理的分布》，《饮冰室文集》第四十一，中华书局 1989 年版，第 66 页。

[98] 独秀：《文化运动与社会运动》，《新青年》第 9 卷第 1 号，1921 年

5 月 1 日。

[99]　蔡和森：《马克思学说与中国无产阶级》（1921 年 2 月 11 日），《蔡和森文集》，人民出版社 1980 年版，第 76 页。

[100]　《〈先驱〉发刊词》（1922 年 1 月 15 日），中共中央党校党史教研室选编：《中共党史参考资料（一）》，人民出版社 1979 年版，第 313 页。

[101]　《新青年之新宣言》，《新青年》季刊第 1 号，1923 年 6 月 15 日。

[102]　屈维它（即瞿秋白）：《东方文化与世界革命》，《新青年》季刊第 1 号，1923 年 6 月 15 日。

[103]　邓中夏：《中国农民状况及我们运动的方针》，《中国青年》第 13 期，1924 年 1 月 5 日。

[104]　习近平：《高举中国特色社会主义伟大旗帜　为全面建设社会主义现代化国家而团结奋斗——在中国共产党第二十次全国代表大会上的报告（2022 年 10 月 16 日）》，人民出版社 2022 年版，第 16 页。

[105]　同上，第 18 页。

[106]　张研、董博婷：《"夺取新时代中国特色社会主义新胜利的政治宣言和行动纲领"——中共中央举行新闻发布会解读党的二十大报告》，《光明日报》2022 年 10 月 25 日。

[107]　同 105。

[108]　参见王学斌：《文明演进、文化自觉与道路抉择——于发轫处考察"马克思主义基本原理同中华优秀传统文化相结合"》，《孔子研究》2022 年第 5 期。

[109]　中央档案馆编：《中共中央文件选集》第十四册，中共中央党校出版社 1992 年版，第 41 页。

[110]　新华社：《习近平在福建考察时强调　在服务和融入新发展格局上展现更大作为　奋力谱写全面建设社会主义现代化国家福建篇章》，新华网，http://www.xinhuanet.com/2021-03/25/c_1127254519.htm。

[111] 同 105。

[112] 同 105。

[113] 同 82。

[114] 《如何研究中国共产党》,《毛泽东文集》第二卷,人民出版社 1993 年版,第 408 页。

[115] 同 82。

[116] 《毛泽东选集》第三卷,人民出版社 1991 年版,第 820 页。

[117] 《李大钊全集》第四卷,人民出版社 2006 年版,第 197 页。

[118] 中共中央文献研究室、中央档案馆编:《建党以来重要文献选编》第十五册,中央文献出版社 2011 年版,第 651 页。

[119] 同 82,第 707—708 页。

[120] 同 82。

[121] 《同音乐工作者的谈话》,《毛泽东著作选编》,中共中央党校出版社 2002 年版,第 419 页。

[122] 龚育之、逄先知、石仲泉:《毛泽东的读书生活》,生活·读书·新知三联书店 1986 年版,第 69 页。

[123] 《艾思奇文集》第一卷,人民出版社 1981 年版,第 66 页。

[124] 《矛盾论》,《毛泽东选集》第一卷,人民出版社 1991 年版,第 320 页。

[125] 顾海良:《马克思主义中国化:历史·理论·现实》,经济科学出版社 2020 年版,第 70 页。

[126] 同 82,第 708 页。

[127] 同 82,第 707 页。

[128] 吴冷西:《忆毛主席——我亲身经历的若干重大历史事件片断》,新华出版社 1995 年版,第 9 页。

[129] 《习近平谈治国理政》第二卷,外文出版社 2017 年版,第 205 页。

[130] 《论十大关系》,《毛泽东文集》第七卷,人民出版社 1999 年版,第 42 页。

[131] 同上，第 41 页。

[132] 中共中央文献研究室编：《建国以来重要文献选编》第九册，中央文献出版社 1994 年版，第 346 页。

[133] 《建国以来毛泽东文稿》第七册，中央文献出版社 1996 年版，第 204 页。

[134] 《邓小平文选》第二卷，人民出版社 1994 年版，第 278、126、114 页。

[135] 《按照中国的情况写中国的文章》，《邓小平文集》中卷，人民出版社 2014 年版，第 391 页。

[136] 《邓小平文选》第三卷，人民出版社 1993 年版，第 3 页。

[137] 同上，第 63 页。

[138] 中央文献研究室小康社会研究课题组：《小康社会理论的形成——纪念邓小平首次阐述实现小康社会奋斗目标 30 年》，《光明日报》2010 年 4 月 5 日。

[139] 《在庆祝中国共产党成立八十周年大会上的讲话》，《江泽民文选》第三卷，人民出版社 2006 年版，第 270 页。

[140] 《江泽民文选》第二卷，人民出版社 2006 年版，第 17—18 页。

[141] 同上，第 419 页。

[142] 《胡锦涛文选》第三卷，人民出版社 2016 年版，第 540 页。

[143] 《中共十七届六中全会在京召开》，《人民日报》2011 年 10 月 19 日。

[144] 本书编写组：《〈中共中央关于党的百年奋斗重大成就和历史经验的决议〉辅导读本》，人民出版社 2021 年版，第 75 页。

[145] 中共中央文献研究室编：《十六大以来重要文献选编》（下），中央文献出版社 2008 年版，第 661 页。

[146] 《习近平谈治国理政》第一卷，外文出版社 2018 年版，第 155—156 页。

[147] 习近平：《把中国文明历史研究引向深入　推动增强历史自觉坚定文化自信》，《人民日报》2022 年 5 月 29 日。

[148] 习近平:《论党的宣传思想工作》,中央文献出版社 2020 年版,第 335 页。

[149] 习近平:《把乡村振兴战略作为新时代"三农"工作总抓手 促进农业全面升级农村全面进步农民全面发展》,《光明日报》2018 年 9 月 23 日。

[150] 同 148,第 83 页。

[151] 同 144,第 54 页。

[152] 《习近平在中共中央政治局第十三次集体学习时强调 把培育和弘扬社会主义核心价值观作为凝魂聚气强基固本的基础工程》,《光明日报》2014 年 2 月 26 日。

[153] [美]查尔斯·梯利:《发动战争与缔造国家类似于有组织的犯罪》,[美]埃文斯等编著:《找回国家》,方力维等译,生活·读书·新知三联书店 2009 年版,第 232 页。

[154] 同上,第 251—252 页。

[155] 同上,第 252 页。

[156] [英]彼得·斯坦、约翰·香德:《西方社会的法律价值》,王献平译,郑成思校,中国人民公安大学出版社 1990 年版,第 147 页。

[157] 黄仁宇:《资本主义与二十一世纪》,生活·读书·新知三联书店 2006 年版,第 212 页。

[158] 转引自黄仁宇:《资本主义与二十一世纪》,生活·读书·新知三联书店 2006 年版,第 212 页。

[159] 同上,第 219 页。

[160] 李强:《自由主义》,中国社会科学出版社 1998 年版,第 44、161 页。

[161] 参见间小波:《中国近代政治发展史》,高等教育出版社 2003 年版。

[162] 《中庸》第二十九章:"天下有三重焉,其寡过矣乎!上焉者虽善无征,无征不信,不信民弗从;下焉者虽善不尊,不尊不信,

不信民弗从。故君子之道，本诸身，征诸庶民，考诸三王而不缪（谬），建诸天地而不悖，质诸鬼神而无疑，百世以俟圣人而不惑。质诸鬼神而无疑，知天也；百世以俟圣人而不惑，知人也。是故君子动而世为天下道，行而世为天下法，言而世为天下则。"意为：国家社会治理要具有三重依据，包括神圣超越的依据、历史文化的依据和人心民意的依据。对上层的管理者来说，虽赢得人们一时的赞誉而没有神圣超越的依据和历史文化的依据（是不够的），没有神圣超越的依据和历史文化的依据就不能从人们心灵深处建立起信念，没有心灵深处的信念，人们就不会心悦诚服地遵从管理者的决策和管理；对下层的管理者来说，虽能赢得人们一时的赞誉而不能赢得人们发自内心的尊重（是不够的），不能赢得人们发自内心的尊重就不能从人们心灵深处建立起信念，没有心灵深处的信念，人们就不会心悦诚服地遵从管理者的决策和管理。所以，管理者依据天道治理国家，要本于自身素养和能力的提升：一方面，要满足人民的基本需求，从而获得民意的合法性；另一方面，要从夏商周三代的社会演进中吸取经验教训，从中获得文化的合法性，不能违背历史发展的规律；还有，要秉承天地生化养育万物的精神，从中获得超越的合法性，不能违背自然演化的规律。管理者建立了上述三重合法性，（其决策和管理的正当性就有了坚不可摧的基础）即使超越人类理性认知的鬼神降临，也不会质疑其决策和管理的正当性；即使时代变迁后重新出现圣人，也不会疑惑其决策和管理的正当性。超越人类理性认知的鬼神也不会质疑（其决策和管理的正当性），是因为管理者理解了天球生物圈的演化过程，秉承了天地生化养育万物的精神，获得了超越的合法性；即使时代变迁后重新出现圣人，也不会疑惑（其决策和管理的正当性），是因为管理者洞悉了人类历史发展的规律，从中获得了文化的合法性。因此，成熟的管理者（获得了三重合法性），通过身教言传，可以在各种人类社会弘扬天人合一之道，并建立具有普适意义的社会规范。

[163] 朱伯康、施正康：《中国经济通史（上）》，中国社会科学出版社 1995 年版，第 275 页。

[164] 钱穆：《国史大纲》修订本（上册），商务印书馆 1996 年版，第 408—409 页。

[165] [美] 贾志扬（John Chaffee）：《宋代与东亚的多国体系及贸易世界》，载《北京大学学报》（哲学社会科学版）2009 年第 2 期，第 99—108 页。

[166] [德] 贡德·弗兰克：《白银资本：重视经济全球化中的东方》，刘北成译，中央编译出版社 2008 年版，第 119 页。

[167] 同上，第 110 页。

[168] 上述诠释与朱熹《大学章句》不同：朱注旨在应对佛学，义理阐发重在重建心性秩序；今旨在应对西学，义理阐发重在重建群性秩序。

[169] 马克思：《德意志意识形态》，《马克思恩格斯选集》第一卷，人民出版社 1972 年版，第 31 页。

[170] 同上。

[171] 马克思：《资本论》第一卷，人民出版社 2004 年版，第 22 页。

[172] 贺麟：《辩证法与辩证观》，《贺麟选集》，吉林人民出版社 2005 年版，第 80 页。

[173] 何中华：《马克思主义与儒学的会通何以可能？》，《文史哲》2018 年第 2 期，第 5—30+165 页。

[174] [美] 约翰·贝拉米·福斯特：《生态危机与资本主义》，耿建新、宋兴无译，上海译文出版社 2006 年版，第 30 页。

[175] 同上，第 3 页。

[176] [英] A·J·汤因比，[日] 池田大作：《展望二十一世纪——汤因比与池田大作对话录》，荀春生等译，国际文化出版公司 1985 年版，第 294 页。

[177] 同上，第 288 页。

[178] 同上，第 295 页。

[179] 恩格斯:《社会主义从空想到科学的发展》《在马克思墓前的讲话》,《马克思恩格斯选集》第三卷, 人民出版社 1995 年版, 第 740、776 页。 恩格斯:《1885 年第三版序言》, 马克思:《路易·波拿巴的雾月十八日》, 江苏人民出版社 2011 年版, 第 2 页。

[180] 马克思:《〈政治经济学批判〉序言》,《马克思恩格斯选集》第二卷, 人民出版社 1995 年版, 第 35 页。

[181] 同上, 第 31 页。

[182] 恩格斯:《路德维希·费尔巴哈和德国古典哲学的终结》,《马克思恩格斯选集》第四卷, 人民出版社 1972 年版, 第 237 页。

[183] 马克思、恩格斯:《德意志意识形态》,《马克思恩格斯选集》第一卷, 人民出版社 2012 年版, 第 153 页。

[184] 同上, 第 158 页。 恩格斯:《在马克思墓前的讲话》,《马克思恩格斯选集》第三卷, 人民出版社 1995 年版, 第 776 页。

[185] 同 183, 第 147 页。

[186] 恩格斯:《家庭、私有制和国家的起源》,《马克思恩格斯选集》第四卷, 人民出版社 1995 年版, 第 2 页。

[187] 同 180, 第 32—33 页。

[188] 恩格斯:《反杜林论》, 人民出版社 2005 年版, 第 25 页。 恩格斯:《路德维希·费尔巴哈和德国古典哲学的终结》,《马克思恩格斯选集》第四卷, 人民出版社 1972 年版, 第 244—247 页。

[189] 《恩格斯致约瑟夫·布洛赫（1890 年 9 月 21—22 日）》,《马克思恩格斯文集》第十卷, 人民出版社 2009 年版, 第 591 页。

[190] 同上, 第 592 页。

[191] 参见《读苏联〈政治经济学教科书〉的谈话（节选）》,《毛泽东文集》第八卷, 人民出版社 1999 年版, 第 130—131 页。

[192] 同 182, 第 243—244 页。

[193] 《什么是"人民之友"以及他们如何攻击社会民主主义者》,《列宁选集》第一卷, 人民出版社 1972 年版, 第 8、10 页。

[194] 同 189，第 592 页。

[195] 习近平：《在党史学习教育动员大会上的讲话》（2021 年 2 月 20 日），《求是》2021 年第 7 期。

[196] 《怎么办？》，《列宁选集》第一卷，人民出版社 1972 年版，第 247 页。

[197] 参见白钢：《世界文明史视野下的社会主义》，载鄢一龙、白钢、章永乐、欧树军、何建宇：《大道之行：中国共产党与中国社会主义》，中国人民大学出版社 2015 年版，第 34—37 页。

[198] 习近平：《对发展社会主义市场经济的再认识》，《东南学术》2001 年第 4 期，第 35 页。

[199] 张铁军：《毛泽东谈禅宗六祖慧能》，《党的文献》2007 年第 6 期，第 79 页。

[200] 《论持久战》，《毛泽东选集》第二卷，人民出版社 1991 年版，第 477、487 页。

[201] 《毛泽东年谱（1893—1949）》上卷，中央文献出版社 2013 年版，第 27、29、30、35 页。

[202] 《〈伦理学原理〉批注》，《毛泽东早期文稿》，湖南出版社 1990 年版，第 219 页。

[203] 《致黎锦熙信》（1917 年 8 月 23 日），《毛泽东早期文稿》，湖南出版社 1990 年版，第 85、86 页。

[204] 《民众的大联合（三）》，《毛泽东早期文稿》，湖南出版社 1990 年版，第 390 页。

[205] 同 200，第 491 页。

[206] 《主动权来自实事求是》，《毛泽东文集》第八卷，人民出版社 1999 年版，第 197 页。

[207] 同 195。

[208] 《弘扬伟大建党精神坚持党的百年奋斗历史经验 增加历史自信增进团结统一增强斗争精神》，《人民日报》2021 年 12 月 29 日。

[209] 《为建设一个伟大的社会主义国家而奋斗》，《毛泽东文集》第六

卷，人民出版社 1999 年版，第 350 页。

[210] 习近平：《让开放的春风温暖世界——在第四届中国国际进口博览会开幕式上的主旨演讲》（2021 年 11 月 4 日），人民出版社 2021 年版，第 2 页。

[211] 同 196，第 257—258 页。

[212] 《唯心历史观的破产》，《毛泽东选集》第四卷，人民出版社 1991 年版，第 1516 页。

[213] 习近平：《论中国共产党历史》，中央文献出版社 2021 年版，第 41 页。

[214] 同 31，第 231—232 页。

[215] 《建国方略》自序，《孙中山选集》（上），人民出版社 2011 年版，第 122 页。

[216] 同 33，第 776 页。

[217] 马克思：《关于费尔巴哈的提纲》，《马克思恩格斯选集》第一卷，人民出版社 2012 年版，第 133 页。

[218] 同上，第 134 页。

[219] 同 198，第 34 页。

[220] 同 180，第 33 页。

[221] 恩格斯：《反杜林论》，《马克思恩格斯选集》第三卷，人民出版社 1995 年版，第 365 页。

[222] 马克思：《〈黑格尔法哲学批判〉导言》，《马克思恩格斯选集》第一卷，人民出版社 2012 年版，第 11 页。

[223] 唐文明：《儒教文明的危机意识与保守主题的展开》，《清华大学学报》（哲学社会科学版）2017 年第 4 期，第 100 页。参见陈明：《保国、保种与保教：近代文化问题与当代思想分野》，《学海》2008 年第 5 期，第 183—187 页。

[224] 王光松：《在"德"、"位"之间》，华东师范大学出版社 2010 年版，第 13 页。

[225] 为政以德，新华社受权发布的权威英译为 governing by virtue。

[226] 参见陈祖为:《儒家致善主义：现代政治哲学重构》,（中国香港）商务印书馆有限公司 2016 年版，第 22 页、第 8 页。

[227] 林启屏:《从古典到正典：中国古代儒学意识之形成》,（中国台湾）台大出版中心 2007 年版，第 33 页。

[228] 郑开:《道家政治哲学发微》，北京大学出版社 2019 年版，第 110 页。需要补充的是，安乐哲教授直接以 de 翻译作为经典儒学核心概念的"德"，也注意到"德"与 aretē 之间的相似性，但指出后者带有更强的目的论意味；同时阐明"德"蕴含对于西方哲学实质本体论的挑战，具有更为鲜明的"变在"（becoming）而非"常在"（being）色彩。参见 [美] 安乐哲:《经典儒学核心概念》(*A Conceptual Lexicon for Classical Confucian Philosophy*)，商务印书馆 2021 年版，第 28—37 页。

[229] 郑开:《德礼之间：前诸子时期的思想史》，生活·读书·新知三联书店 2009 年版，第 391 页。

[230] 黄铭崇:《"殷周革命"新论——迈向"人文的"国家》，黄铭崇主编:《中国史新编·古代文明的形成分册》,（中国台湾）联经出版公司 2016 年版，第 331 页。

[231] 李宗侗:《中国古代社会新研》，开明书店 1948 年版，第 184 页。转引自斯维至:《说德》，载《中国古代社会文化论稿》,（中国台湾）允晨文化实业公司 1997 年版，第 365 页。斯维至《说德》一文的同名早期版本，发表于《人文杂志》1982 年第 6 期；后收入《中国古代社会文化论稿》的《说德》版本，对刊载于《人文杂志》的同名论文做了大幅修改。

[232] 斯维至:《说德》,《中国古代社会文化论稿》第 366 页。

[233] 同上，第 367 页。

[234] 王健文:《奉天承运：古代中国的"国家"概念及其正当性基础》,（中国台湾）东大图书公司 1995 年版，参见该书第四章《国君一体——中国古代国家概念的一个面向》，第 65—95 页。

[235] 同上，第 97—133 页。

[236] 同上，第 125 页。

[237] 孙庆伟:《从黄帝到大禹：中国文明的起源与早期发展》，甘阳、侯旭东主编:《新雅中国史八讲》，生活·读书·新知三联书店 2021 年版，第 15—16 页。

[238] 同上，第 26—27 页。

[239] 参见王国维:《观堂集林》卷十，《殷周制度论》。

[240] 陶磊:《德礼·道法·斯文重建：中国古代政治文化变迁之研究》，浙江大学出版社 2016 年版，第 19 页。

[241] 姜志勇:《前孔子时代之"德"观念——中华民族"德"观之起源与演变》，《鹅湖月刊》第三十六卷第二期（2010 年 8 月），第 17 页。

[242] 黄俊杰:《儒学传统中道德政治观念的形成与发展》，载其专著《儒学传统与文化创新》，（中国台湾）东大图书公司 1986 年版，第 7—8 页。

[243] 李若晖:《中国哲学与古典政制》，商务印书馆 2020 年版，第 134 页。

[244] 参见林安梧:《当儒家走进民主社会：林安梧论公民儒学》"序言"，（中国台湾）商周出版公司 2021 年版。

[245] 参见《答陈同甫》，《晦庵先生朱文公文集》卷三十六。

[246] 孔新峰:《先秦儒家德性政治理论的初步重构》，《孔子研究》2022 年第 3 期，第 39—65+158 页。

[247] 许倬云:《中国古代文化的特质》，新星出版社 2006 年版，第 34—42 页。

[248] 钱穆:《中国传统政治与儒家理想》，载其专著《政学私言》，九州出版社 2010 年版，第 202—203 页。

[249] 萨孟武:《儒家政论衍义：先秦儒家政治思想的体系及其演变》，（中国台湾）东大图书公司 1982 年版，第 386 页。

[250] 2018 年 3 月，在参加十三届全国人大一次会议重庆代表团审议时，习近平总书记强调:"领导干部要讲政德。政德是整个社会

道德建设的风向标。立政德，就要明大德、守公德、严私德。"
相关论述参见孔新峰：《"立政德"的新时代意义》，《光明日报》
2018 年 4 月 16 日。

[251] 党的建设包括思想、组织、作风、反腐倡廉及制度建设，干部
政德建设在此"五大建设"之中均有体现。

[252] 但焘记述：《汉雅言札记》，虞云国、马勇整理：《章太炎全
集·菿汉微言、菿汉昌言、菿汉雅言札记、刘子政左氏说、太
史公古文尚书说等》，上海人民出版社 2015 年版，第 168 页。

[253] 陈寅恪：《〈冯友兰〈中国哲学史（下）〉〉审查报告三》，载冯
友兰：《三松堂全集》第三卷，河南人民出版社 2001 年版，第
461 页。

[254] 陈弘毅：《二十一世纪中国的政治思想》，陈祖为、梁文韬编：
《政治理论在中国》，（中国香港）牛津大学出版社 2001 年版，
第 23—24 页。

[255] 参见牟宗三、徐复观、张君劢、唐君毅：《为中国文化敬告世界
人士宣言》，载《唐君毅全集》卷四之二，（中国台湾）学生书
局 1991 年校订版。

[256] 同 82，第 526 页。

[257] 《怎么办？》，《列宁选集》第一卷，人民出版社 2012 年版，第
317 页。

[258] 同上，第 364 页。

[259] 《进一步，退两步》，《列宁全集》第八卷，人民出版社 2017 年
版，第 254 页。

[260] 同上，第 238 页。

[261] 同上，第 415 页。

[262] 《斯大林选集》下卷，人民出版社 1979 年版，第 371 页。

[263] 《致张闻天》（1939 年 2 月 20 日），《毛泽东书信选集》，人民出
版社 1983 年版，第 145 页。

[264] 《关于纠正党内的错误思想》，《毛泽东选集》第一卷，人民出版

社 1991 年版，第 90 页。

[265] 王夫之：《礼记章句》，《船山全书》第 4 册，岳麓书社 1996 年版，第 1471 页。相关研究参见谢茂松：《大臣之道：心性之学与理势合一》，中华书局 2013 年版，第 91 页。

[266] 参见谢茂松：《重建政治学的实践性：实践智慧在当代中国政治学中的缺席》，《东方学刊》2019 年第 1 期，第 1—8 页。

[267] 《在中国共产党全国宣传工作会议上的讲话》，《毛泽东文集》第七卷，人民出版社 1999 年版，第 277 页。

[268] 《在莫斯科共产党和工人党代表会议上的讲话》，《毛泽东文集》第七卷，人民出版社 1999 年版，第 332 页。

[269] 西格蒙德·纽曼区分了政党的"社会整体性"与"个别代表性"，转引自 [美] 塞缪尔·P·亨廷顿：《变动社会的政治秩序》，张岱云等译，上海译文出版社 1989 年版，第 20 页。

[270] 章学诚撰，叶瑛校注：《文史通义校注》（上），中华书局 2004 年版，第 122 页。

[271] 同 266。

[272] 《为人民服务》，《毛泽东选集》第三卷，人民出版社 1991 年版，第 1004—1005 页。

[273] [美] 张光直：《连续与破裂：一个文明起源新说的草稿》，《中国青铜时代》，生活·读书·新知三联书店 1999 年版，第 484—496 页。

[274] [美] 弗朗西斯·福山：《政治秩序的起源——从前人类时代到法国大革命》，毛俊杰译，广西师范大学出版社 2014 年版，第 25 页。

[275] 中共中央党史和文献研究院编：《习近平关于网络强国论述摘编》，中央文献出版社 2021 年版，第 43 页。

（京）新登字 083 号

图书在版编目（CIP）数据

大道相通：马克思主义与中华优秀传统文化 / 本书
编写组著 . -- 北京：中国青年出版社，2023.2
ISBN 978-7-5153-6930-3

Ⅰ . ①大… Ⅱ . ①本… Ⅲ . ①马克思主义 – 发展 – 研
究 – 中国②中华文化 – 研究 Ⅳ . ① D61 ② K203

中国国家版本馆 CIP 数据核字 (2023) 第 028160 号

中国青年出版社 出版 发行

大道相通：马克思主义与中华优秀传统文化
本书编写组　著

出 版 人：皮　钧
策划统筹：陈章乐
责任编辑：尚莹莹
书装设计：今亮後聲 HOPESOUND 25805900616@qq.com · 闫　磊
出版发行：中国青年出版社
社　　　址：北京市东四十二条 21 号
网　　　址：www.cyp.com.cn
编辑中心：010—57350352
营销中心：010—57350370
印　　装：北京科信印刷有限公司
经　　销：新华书店
规　　格：700×1000mm 1/16
印　　张：19
字　　数：220 千字
版　　次：2023 年 2 月第 1 版
印　　次：2023 年 7 月第 2 次
印　　数：10001 — 20000 册
定　　价：88.00 元

如有印装质量问题，请凭购书发票与质检部联系调换
联系电话：010—57350337